中国民俗传统

主　编　李　韬
副主编　黄　佳
编　委　李　韬　黄　佳　程振伟　李英昌　郑兰贞
斯丹婷　蒋栩璐　张馨予　孙其鑫　陈苏仙
张译文　顾佳宁　张君丽　胡婷炜　冯丽加
李慧萍　黎　姿　孙涵颖　易　安　胡　旸
顾　童　宋晓红　方文倩　应佳窈

WUHAN UNIVERSITY PRESS
武汉大学出版社

图书在版编目(CIP)数据

中国民俗传统/李韬主编.—武汉：武汉大学出版社,2020.8
ISBN 978-7-307-21367-8

Ⅰ.中…　Ⅱ.李…　Ⅲ.风俗习惯—介绍—中国　Ⅳ.K892

中国版本图书馆 CIP 数据核字(2019)第 295040 号

责任编辑:白绍华　　责任校对:李孟潇　　整体设计:马　佳

出版发行：**武汉大学出版社**　(430072　武昌　珞珈山)
(电子邮箱：cbs22@ whu.edu.cn　网址：www.wdp. com.cn)
印刷：武汉鑫佳捷印务有限公司
开本:720×1000　1/16　印张:11.5　字数:206 千字　插页:1
版次:2020 年 8 月第 1 版　2020 年 8 月第 1 次印刷
ISBN 978-7-307-21367-8　定价:49. 00 元

前　言

几年前就有一个梦想，那就是从事民俗收藏的工作。因为我喜欢民俗，喜欢老物件，为此我买过很多民俗的收藏品，例如明清的老服装、古代钱币以及瓷器。甚至我给学生上课的时候，还跟学生说，我想建一个四合院，里面放很多民俗收藏品。有时候每到一个地方，我都会跑到博物馆去看看民俗藏品。更为夸张的时候，我还会到深山老林里去看古村落，考察里面的风土人情、民风民俗。在写这本书的时候，我就曾一个人跑到云南大理人迹罕至的深山古村落去采风。

其实民俗收藏品反映了一个时代的印记，记录着历史的沧桑变化，是宝贵的文化。收藏老物件可以留住历史，留住记忆，收藏对于人类历史的发展而言意味着传承与发扬。然而人生又有些遗憾，作为当代的学者或者老师而言，研究全部的民俗是不可能的。那么怎么弥补这种遗憾呢？当然是著书立传。

于是我开始着手编写这本书。我想舍弃那些枯燥的理论，用简单通俗的语言来写这本书。写作的思路也相对清晰，就是从民俗的衣食住行来写。这样大家看起来通俗易懂，而且不费力。

在写作这本书的时候，得到了很多领导和同仁的帮助，这里表示衷心的感谢。但是我最感谢的应该是我母亲吴龙英。如果没有我母亲，这本书也不会诞生。当然要感谢读者们，感谢你们选择了这本书。

最后，读者看到这本书如果想探讨，可以与我们联系和沟通，也欢迎各位同行与专家对本书提出宝贵意见，从而让这本书变得更好！

目　　录

第一章　服饰民俗 ········· 1
第一节　中国民俗服饰的发展脉络 ········· 1
一、原始社会——走向美的蒙昧时代 ········· 1
二、夏、商、周时期——等级分明，礼法至上 ········· 3
三、春秋战国时期——创新多变，类型多样 ········· 6
四、秦汉时期——统一服制，古朴庄重 ········· 8
五、魏晋南北朝时期——南北交融，宽衣博带 ········· 9
六、隋唐五代时期——开放自由，繁华多样 ········· 11
七、宋辽金元时期——各具亮点，织艺精良 ········· 13
八、明清时期——端庄传统，落日余晖 ········· 15
九、民国时期——东西交错，服饰等级弱化 ········· 17
第二节　中国服饰特点 ········· 18
一、鞋 ········· 18
二、衣裳 ········· 22
三、帽子 ········· 30
四、配饰 ········· 37
第三节　少数民族服饰 ········· 45
一、蒙古族 ········· 45
二、满族 ········· 46
三、朝鲜族 ········· 48
四、维吾尔族 ········· 49
五、藏族 ········· 50
六、苗族 ········· 51
七、土家族 ········· 52
八、彝族 ········· 53
九、壮族 ········· 55

十、侗族 …………………………………………………………… 56
十一、黎族 …………………………………………………………… 57
十二、傣族 …………………………………………………………… 58

第二章　食 …………………………………………………………… 60
第一节　食制食俗 …………………………………………………… 60
一、烹饪器具 ………………………………………………………… 60
二、饮食结构 ………………………………………………………… 67
三、饮食礼仪 ………………………………………………………… 68
第二节　节日祭祀食俗 ……………………………………………… 71
一、南方祭祀食俗 …………………………………………………… 71
二、北方祭祀食俗 …………………………………………………… 74
第三节　特色风味食俗 ……………………………………………… 79
一、八大菜系 ………………………………………………………… 79
二、各地风味小吃 …………………………………………………… 86
第四节　食疗文化…………………………………………………… 104
一、白、辛归肺肠…………………………………………………… 105
二、黄、甘入脾胃…………………………………………………… 105
三、红、苦养心肠…………………………………………………… 106
四、青、酸照肝胆…………………………………………………… 107
五、黑、咸补肾助膀胱……………………………………………… 108

第三章　住…………………………………………………………… 110
第一节　中国古代建筑构成介绍…………………………………… 110
一、柱子……………………………………………………………… 110
二、梁………………………………………………………………… 112
三、斗拱……………………………………………………………… 112
四、檩………………………………………………………………… 113
五、椽………………………………………………………………… 113
六、枋………………………………………………………………… 114
七、天花……………………………………………………………… 114
八、雀替……………………………………………………………… 115
九、线脚……………………………………………………………… 115

十、柱基……………………………………………………………… 115
十一、筒瓦……………………………………………………………… 116
十二、脊……………………………………………………………… 116
十三、台基……………………………………………………………… 117
十四、屋顶……………………………………………………………… 118
第二节 中国古代建筑的形制……………………………………… 121
一、楼……………………………………………………………… 121
二、亭……………………………………………………………… 121
三、阁……………………………………………………………… 122
四、榭……………………………………………………………… 122
五、轩……………………………………………………………… 123
六、廊……………………………………………………………… 123
七、舫……………………………………………………………… 124
八、斋……………………………………………………………… 124
九、堂……………………………………………………………… 124
十、厅……………………………………………………………… 125
十一、馆……………………………………………………………… 125
十二、塔……………………………………………………………… 126
十三、阙……………………………………………………………… 126
十四、坊表……………………………………………………………… 127
十五、坛……………………………………………………………… 128
十六、影壁……………………………………………………………… 128
十七、殿……………………………………………………………… 129
第三节 中国建筑发展史……………………………………………… 129
一、四合院的历史发展……………………………………………… 130
二、窑洞的历史发展……………………………………………… 133
三、镬耳屋的历史发展……………………………………………… 134
四、天井的历史发展……………………………………………… 135
五、土楼的历史发展……………………………………………… 136
第四节 中国代表性民居建筑………………………………………… 138
一、北京四合院……………………………………………… 138
二、天津大院……………………………………………… 141
三、徽州民居……………………………………………… 143

四、山西晋中大院……………………………………………………… 145
五、客家土楼……………………………………………………………… 147

第四章　行………………………………………………………………… 151
第一节　出行前的准备……………………………………………… 151
一、出行前问吉凶……………………………………………………… 151
二、翻阅“旅行手册”………………………………………………… 151
三、行李物品……………………………………………………………… 151
四、道路……………………………………………………………………… 152
第二节　出行途经之桥梁…………………………………………… 155
第三节　住宿之客栈………………………………………………… 158
一、客栈称谓之变(旅馆)………………………………………… 159
二、客栈的构成…………………………………………………………… 160
三、客栈的特点…………………………………………………………… 161
四、客栈文化……………………………………………………………… 162
第四节　交通文化……………………………………………………… 162
一、各个朝代的交通…………………………………………………… 163
二、中国古代著名交通路线………………………………………… 164
三、中国古代交通管理制度………………………………………… 166
四、交通的文化意蕴及影响………………………………………… 167
五、驿站……………………………………………………………………… 168
第五节　出行的方式…………………………………………………… 170
一、步行……………………………………………………………………… 170
二、车行……………………………………………………………………… 170
三、轿行……………………………………………………………………… 173
四、船………………………………………………………………………… 175

后记………………………………………………………………………… 178

第一章 服饰民俗

第一节 中国民俗服饰的发展脉络

在中国源远流长的民俗文化中，服饰文化是其中不容小觑的一部分，服饰在人类发展史中是文明的代表，我国绚丽的服饰文化一直是中国文化的瑰宝，向世界展示着文明古国的魅力。我国服饰的演变更是一轴妙趣横生、耐人寻味的画卷。

一、原始社会——走向美的蒙昧时代

人们总拿“生不带来，死不带去”感慨人的一生。人作为一种高级动物，最初演变为人时，与动物一样是“赤条条”的。最初的原始人并没有两性区别的概念，服饰的产生也并不是出于美观或遮羞的目的，而是由于生存的需要，人类为了抵御在采集狩猎中的寒冷、日晒、雨雪等，把树叶、兽皮披在身上，这可以说是服饰最早的起源了。后来，石器时代到来，我们的祖先开始运用石器制作衣物，服饰制作开始逐步走向精细。20 世纪 30 年代，在北京周口山顶洞遗址中出土了一枚骨针，这枚骨针经过打磨，通体均匀光滑，长达 8.2 厘米，直径约为 3.1 毫米，经过 18000 多年，针孔仍然依稀可见。这是目前出土的最早的制衣工具了。此外，考古人员在新石器时期的遗址中出土了用于纺织的服装材料，如葛布、丝绸残片，还有装饰用的贝饰以及纺织用的工具。

(一) 纺织工具的进步

在新石器时代，纺织工具有了新的变化，出现了石质、木质、陶质的纺轮。目前出土的纺轮数量多，以陶质和石质为主。石质纺轮是打磨而成的，相较于其他材料的纺轮，石质纺轮是最早的一种。陕西临潼姜寨曾出土过一枚石质纺轮的残片，直径约为 7 厘米，厚约 1 厘米，尽管没有纹饰，但被精细打磨。而陶质纺轮的制作工艺有所不同，它是烧制而成的，相对于打磨的石质纺

轮，陶质纺轮的制作工艺更简单，且因具有较高的可塑性，往往造型上更加精美，多以纹路装饰。

纺轮历经数千年保存下来，可推测织机在当时就已经出现了。尽管，织机的有机木质材料难以保存，但不懈的考古工作者攻克了这一难题，在 20 世纪 70 年代发掘出了一些织机的部件，并研究推理出原始时代织机的形态是盘踞于人的腰部的木质织布机。

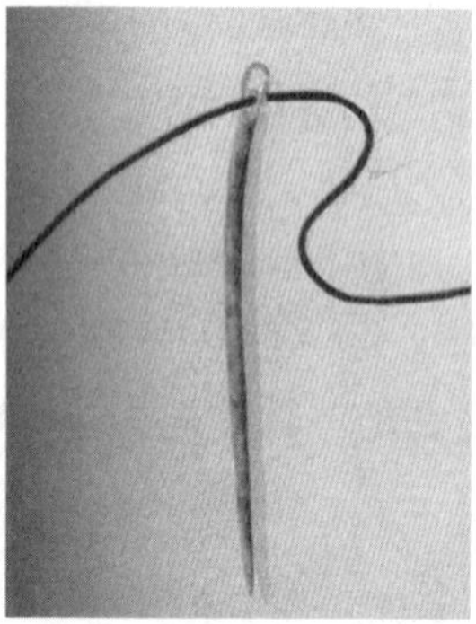

骨针

纺轮

（二）纺织材料的多样

相关的典籍以及出土的文物，都证明了在原始时代纺织材料的变化。如《礼记》中记载：“未有麻丝，衣其羽皮”，可见，当麻、丝出现后，取代了祖先一开始所使用的兽皮、羽皮。在新石器遗址中出土了麻织物、大麻的种子、葛布、丝绸残片等，植物纺织技术以及养蚕、取丝技术等发现和利用，改变了人类获得纺织材料的方式，为衣物类型的多样化提供了发展的条件。

（三）对美的追求

随着人类文明的进化，服饰再也不是仅为满足生存，在出土的文物中，发现原始社会就有了很多装饰品，这些装饰品大多用兽牙、贝壳、石子等打磨、穿孔、串珠而制，用作头饰、项饰、手饰等。同时，纺织技术以及材料的发展，使衣物在满足基本的抵御自然侵犯的需求后，更能满足美观和舒适的要求。漫长的原始社会，服饰在缓慢发展中凝聚了人类的审美追求，赋予了服饰丰富的文化内涵。

二、夏、商、周时期——等级分明，礼法至上

自夏朝起中国进入奴隶社会，随着生产工具、生产力的发展，阶级开始出现，服饰又被赋予了很多新的功能和内涵。一方面，对服饰的实用性和美观性的要求进一步提高，服饰种类越来越多样；另一方面，服饰蕴含了更多的文化印记，服饰与信仰、宗教、政权等联系起来，成了文化、规则的外显形式。

（一）服饰的基本形制

这一时期是我国古代服饰基本形制逐步建立的时期，逐步形成了两种基本的形制，分别是上衣下裳的形制，和上下连属的服装形制。此后中国历代服装的变革、发展都是这两种基础形制的变化。

上衣下裳在这一时期是最主要的服装形制，也是最早形成的服装的基本形式，“衣裳”一词，大抵由来于此。上衣是玄色的，即黑色，这象征着天，下裳则是黄色的，代表地，在衣服的颜色上表征天与地，反映了当时人们对天地的崇拜。上衣的衣领开向右边，裳也就是裙，自然垂落，腰间乃系一宽边腰带，还束有一条上窄下宽的斧形的饰物，因其长度过于膝盖，而叫做“蔽膝”，“蔽膝”源于原始社会人类遮挡阴部之用，最初采用兽皮制作，后被保留下来，作为服装的一种配饰存在。在衣服的穿着方式上也有讲究，商周以来，中原地区的古人在穿上衣时，将衣服的左前襟盖在右边，叫作“右衽”，这一点是非常重要的，如果左右对调，右前襟覆在左边上面，这就是死人的穿法了，左右区别代表着阴阳有别。现有的不少古装影视剧，也严格还原了这些细节，仔细观察就可以发现他们的衣襟都是右衽的，但是遵照右衽这一穿着方式的并不是所有人，比如当时的胡人穿衣就是“左衽”的。

右衽

左衽

蔽膝

（二）冠服制度形成

奴隶社会中奴隶主居于统治地位，奴隶主为了维护自己的统治地位，建立了严格的礼乐制度，孔子毕生所推崇的“克己复礼”中“礼”指的就是这时确立起来的礼乐制度，冠服制度是其礼制制度的重要内容，也是尊卑思想的外显。为了维系、实施这一严格的服制，甚至专设“司服”的官职，上自天子，下至平民、奴隶，都必须严格遵守这一规范，若有违反，还会受到严厉的处罚，《周礼·司刑》中有记载，若有违反“舆服制度”，就会受到残酷的“劓刑”（割鼻子）的惩罚。

冕服是这一严格的冠服制度中最重要、最正式、最尊贵的一种礼服，一般在祭祀时穿着，最初是皇帝、公卿、诸侯都可以穿，发展到明代，冕服则成为帝王的专属，直到清代冕服制度才被废止。

冕服作为最尊贵的一种礼服，其用料、章纹考究，质地、图案、颜色也会因身份地位的不同而有所区别。冕服由冠、衣、裳、蔽膝等部分组成，天子的上衣是黑色的，下裳是浅红色，上衣和下裳上各纹有六种图案，叫作“十二章纹”。上衣的图案有日、月、星辰、山、龙、华虫六种，下裳的图案是宗彝、藻、火、粉米、黼、黻六种，这十二种图案都有着不同的寓意，日、月、星辰这三种图案，表示天子如同日、月、星辰那般照临天下，山则象征身为天子应有安定四方的魄力和气势。龙代表着聪慧玲珑，能够随机应变。华虫，其实是一种雉鸟，寓意王者有文章之德；宗彝是礼器的一种，象征威猛而智慧；藻即水草，是高洁的品格的象征。火，蕴含归顺天命的意思；粉米，象征人君关怀给养百姓之德；黼，形状似斧，表示王者的果敢决断。黻，画的是一个相背的符号，代表着天子能辨明是非。所有的图案是对天子的期望和要求，同时也象征天子的权威。十二章纹并不总是一齐出现的，数量上会有所不同，天子在最隆重的场合穿绘有十二章纹的冕服，其他场合则视其重要程度而递减章纹。

冕冠是与冕服配套的，是参加祭礼时戴的最为尊贵的礼冠，包括冕綖，冕旒、充耳。冕綖是指冕冠的顶部，一般用木头做成，上裱细布，上黑下红，与冕服的颜色一致，前圆后方，代表天与地，前低后高倾斜，代表谦逊。冕旒，垂于冕綖前后，用五彩圆珠穿绳而成，一串是为一旒。帝王的冕旒有 12 旒，垂于目前。冕綖下面的是冠，由铁丝、漆纱、细藤等编织成圈。冠两旁各有一孔，用来穿插玉笄，固定发辫。另在笄的一端，系有一个丝带，从下巴绕过，系于另一端，用来固定冕冠。在两耳处，各悬垂着一颗珠玉，叫作“充耳”，这有提醒帝王勿听信谗言之意。

天子、公卿、士大夫参加祭祀以图案和冕旒的数目不同来区分身份等级，公卿、侯伯随帝王参加祭祀时，冕服上的章纹和冕旒数量会递减，如帝王用十二章纹，公卿用九章、九旒，侯伯用七章、七旒。天子在最隆重的场合还要足着赤絇履，是一种由绸缎制成的，系带的红色鞋子，而在其他场合则要穿白色或黑色的履。

冕服

弁服是仅次于冕服的礼服，也是最早的朝服，有皮弁、韦弁、冠弁等。爵弁是士阶层最高等的服饰。天子接受诸侯朝觐时穿的是皮弁。韦弁、冠弁都是用于军事场合或狩猎。此外，玄端也是一种朝会之服，因为大多用布帛制作，没有章纹彩线修饰，非常端庄持重，所以名作玄端。玄端是上自天子，下至于士，都可以穿的一种礼服。

这一时期的头衣不仅兼顾装饰和实用，同时也是身份的象征。冠、冕是贵族的服装，巾则是普通百姓的头衣。平民是不戴冠的，但是仍然要留长发，所以平民就在束发后，上罩头巾，用布帛裹头。这一等级分明、严守礼度的冠服制度为历代沿用，虽有变革，但其基本的形制未变，正所谓“万变不离其宗”。

三、春秋战国时期——创新多变，类型多样

春秋战国时期，是奴隶社会向封建社会的过渡时期，各诸侯国割据混战，其服饰基本相似，但是各有特点。在服饰的色彩方面，更加自由多样，同时这一时期由于战乱频发，军服甲胄在这一时期得到发展，丧服制度也在这时逐步完备，服饰民俗的内容更加多元化。

（一）和而不同的服饰

春秋战国时期，各诸侯国并立，各国由于地理位置、风土人情以及统治阶级喜好的不同，服饰的地域差别明显。比如楚国人喜欢戴高冠，穿丝履，男女衣着华丽，色彩缤纷，服饰的整体造型多为曲线形；魏国男子习惯在黑衣外面再加上白色的罩衣；秦国的武士“头上皆裹绛帕”；赵国儒生穿的是褒袖的长衣、脚着方履；齐国上下皆好穿紫色的衣服。《晏子春秋》中记载：“齐王好服紫，齐人皆服紫。”可见，当时在服饰的色彩上还没有严格的等级规定，齐王和百姓都能穿紫色的服饰，在服饰颜色上仍然较为自由。

不仅由于国别的不同，服饰会有不同，诸子百家对服饰的主张也有不同。春秋战国时期，诸子百家争鸣，其中以儒家、法家、道家、墨家影响较大，儒家的创始人孔子认为服饰一定要能区分贵贱，必须“约之以礼”，这一原则是儒家服饰观的基本准则，不同的身份、场合、时间穿什么样的衣服，怎样着装，都应该合乎礼法，孔子认为这样才有利于建立秩序，维护统治。关于孔子对服饰的见解，还有一个有趣的故事，有一次孔子的学生子路，身着华丽的服饰面见孔子，孔子看到弟子的服饰后非常不悦，说到：“你穿得如此华丽，春风得意，谁还会教授你呢？你难道不想学习了吗？”于是子路赶忙去换了一套

合适的衣服。道家对服饰的态度是“被褐怀玉，顺其自然”，对服饰的要求仅停留在最低的实用的标准，不追求服饰的审美价值，反对修饰。墨家一贯主张“节用”，“尚用”，因此认为服饰不应该追求奢侈，更不能受繁文缛节和等级制度的影响。

(二)丧服制度

春秋战国时期，形成了比较严格、完善的丧服制度。这一时期的丧服分为五等，称为“五服”。五服各等级的服饰用料、穿戴方式都有所不同，轻重有别。地位尊崇者服重，地位低位者服轻；与死者关系亲者、近者服重，疏者、远者服轻。五服以内的为有服亲，五服以外的为袒免亲即无服亲。五服的观念在中国影响极为深远。直到今日，民间仍以是否“出了五服”来界定亲属关系的远近。

(三)军服开始发展

春秋战国时期，诸侯国之间兵戎相见，在这一客观条件下促进了当时军服的发展，军服甲胄大多以皮革制成，上以彩绘装饰，皮甲由甲身、甲袖和甲裙组成，甲身是大块长方形的甲片，横向都是左片压右片编缀，纵向是下排压上排编缀。袖甲的甲片较小，是按从下到上层层反压，这样的方式是为了便于手臂的活动。另外，这一时期还出现了铁甲，但数量较少，皮甲仍然是重要的军事装备。

胄在军事上用于保护头部，它由 18 片甲片制成，古人在戴胄时并不会把冠摘下，而是将冠扣于胄之下。但是见到尊者必须摘下，露出冠来，以示尊敬，这一礼节被称为“免胄”。就算是在战场上，如果己方是由臣子领兵，对方是由国君领兵，也要向对方国君“免胄”致敬。

(四)胡服骑射

胡服，指的是北方少数民族的服装，以短衣、长裤、革靴为主，衣服长度仅至膝盖，衣袖较窄，长裤裹腿，与中原宽松的服饰有较大的差异。但因其具有便于征战，适于进行马上活动的优势，于是赵武灵王颁布了胡服令，在本国推行胡服骑射，此后赵国在军事上很快强盛起来。后来，各国出于战事需要纷纷效仿，胡服骑射在中原地区日趋流行。

(五)深衣的出现

西周以前主要为上衣下裳制，不论男女，一律分成上下两截：一截穿在上身，称“衣”，一截穿在下身称“裳”。到春秋战国，出现了一种服装，把上衣下裳合成一件，连成一体，叫做“深衣”。

深衣用途十分广泛，不分尊卑，不论男女都可穿着，也可同时被用作礼服和常服，是诸侯、士大夫的常服，平民的礼服，深衣上下共由十二片布缝合而成，表示一年的十二个月，体现了古人对天时的崇拜。深衣的长度不至拖到地面，也不会露出皮肤，袖子刚好与手臂等长，既保暖又方便，因此当时的人们大多愿意穿深衣。深衣的出现在中国服饰史上具有非常重要的意义，自此上下连属的服装形制成为古代主要的服装形制，历代沿袭变革。

四、秦汉时期——统一服制，古朴庄重

公元前221年，秦始皇统一六国后，建立了我国历史上第一个中央集权的政权，在统一货币、统一文字、统一计量的背景下，也开始创立新的服饰制度，各国纷乱多样的服制也趋于统一。汉代基本沿袭秦的服制，阴阳五行的观念渗透其中。秦汉将袍作为朝服和主要常服，服色是随着五时定色，春青、夏黄、秋白、冬黑。汉代，冠服制度渐趋成熟，女子的头饰体现了美与时尚的追求，军服制度也更加完善。同时，汉代的织绣发达，衣服的用料更加精美，但只有富人才能穿得起绫罗绸缎。

(一)服饰实用多样

这一时期，服装款式非常多样，主要有深衣、袍、禅衣、衫、襦裙、庙服、穷裤等，并且袍逐步取代深衣，成为最主要的一种服装款式，男子以袍为贵，也作为朝服，并且不论帝王或是白丁，不论男女皆可穿袍。袍与禅衣类似，有表又有里的是袍，没有里的就是禅衣，所以禅衣又叫作“单衣”。袍与禅衣式样相同，只是袍加了衬里或絮，它们都是深衣形式的演变。秦朝规定三品以上官员穿绿袍，百姓穿白袍。袍和禅衣又可以分成曲裾和直裾两种。“衫”又叫“短单”，也有两种，一种穿在衣外，并且没有袖子；另一种是穿在衣内的，可作为夏季的贴身短袖，衫也是不论尊卑贵贱都可以穿的。

襦裙是由襦和裙两部分构成的，襦是一种及腰的短衣，下身是裙，垂至地面，是古代女子服装中最主要的形式之一，一直延续整个封建社会，虽然在长度、纹样等细节上会有改动，但是基本的形制是没有变的。

鞋履类型更加丰富，名目繁多，制作精巧，秦代有望仙鞋、丝鞋、锻擎和蒲鞋，有方口齐头翘尖履、高口平头履、圆头靴等各种式样。汉代有舄、履、

屐、屣、靴等。鞋履穿着应该与服装类型相配，比如穿朝服时要穿履，出门行路、妇女出嫁穿木屐等。

汉代女子喜欢梳髻，样式不一，当时最为流行的是堕马髻，一时成为时尚，梳髻并不全都将头发束起，往往留下部分头发，垂于后背，有飘逸之感，发髻上会插上精美的珠钗、步摇，但奴婢一般用巾裹髻，或插簪钗。早在春秋之前，就已有步摇，但是汉代的步摇在质料和形式上都有了较大的提升，要复杂、华美得多。

此外，秦汉形成了较为完备的军服规范，不同的兵种、不同级别的军服各有不同，并且由于生产力的发展，铁甲在这一时期逐渐普及。

(二)冠服制度成熟

冠服制度经过发展，在汉代达到成熟，通过冠帽和佩绶体现主人的职位等级。汉代的冠帽又是区分等级差别的基本标志之一，其种类式样繁多，官职不同，冠帽也不同，有冕冠、爵弁、长冠、委貌冠、远游冠、通天冠、高山冠、法冠、进贤冠、建华冠、武冠、方山冠、巧士冠、却敌冠，却非冠、樊哙冠16种。比如，通天冠是皇帝在郊祀、朝贺以及宴会时所戴，冕冠在祭礼时佩戴，进贤冠则是文吏、儒士戴的礼冠等。冠和巾是古代男子成年的标志，到了20岁要“加冠”，但是冠只有有身份的士、贵族才可以戴，平民只能用巾裹头，或是戴帽子。

为了更加便于区分身份和职务，汉代还制定了佩绶制度。“绶”即“印绶”，是官印上的绦带。它由朝廷统一发放，各级官员包括皇帝在内，所佩之绶在尺寸、颜色及织法上都有区别。官员平时在外，必须将官印放于腰间，将绶带垂放在外边，使人一望便知佩绶人的身份。

五、魏晋南北朝时期——南北交融，宽衣博带

魏晋南北朝时期战乱频繁，政治混乱，生活动荡不安，在这样的社会背景之下，文人士子们报国无门，怀才不遇，加之魏晋时期玄学、道教盛行的影响，他们突破了儒学的章法礼度约束，开始“离经叛道”，追求个性的解放，而开创了独特的宽衣博带的服饰风格。同时，频繁的战乱也联通了南北的沟通交流，南北服饰互相影响。这一时期，南方的服饰主要受汉以来服饰的影响，北方受胡服影响，穿的是短衣和缚裤，腰间扎皮带，外穿套衣。南北方的服饰也出现了交流融合，贵族女子的服饰趋于华丽。

(一)南北交融

魏晋南北朝的动荡、频繁的战乱增加了各民族之间的交往机会，使这一时期的服饰发展产生了大转变。北方民族服饰简洁，便于劳作，少数民族在中原活动，因此庶民的服装受胡服影响较大。广大的汉族人民也开始穿着窄袖短衣、系腰带、穿皮靴。北方少数民族的男子服装，主要有裤褶和柄裆两种。裤褶紧而窄，长度与膝齐，下长至足，裤管宽松。凡穿裤褶，大多以锦缎丝带作结，在裤管膝盖处紧紧包裹，叫作“缚裤”。柄裆是只有胸、背两片，肩部以皮制褡襻联缀，用布帛为料，腰间以皮带系扎。妇女服装仍然是上身穿襦、衫，下身穿裙，腰部以帛带系扎。但受北方习俗的影响，中原服装样式由原来的上衣长，变为了上短下长，服装更加紧身适体。从此，原有的深衣形制在民间逐步被冷落，轻巧便利的服装受到百姓的喜爱。因此，中原地区一度形成了胡服盛行的局面。

(二)宽衣博带

魏晋南北朝时期以大袖宽衫为尚，被称作“魏晋风度”。服饰的衣料轻薄，袖子做得十分宽大，腰间系着可以拖到地上的长带，整体观感飘逸洒脱，在风靡一时的魏晋玄学和佛教、道教影响下，一些文人突破旧的礼教，傲然洒脱，并在服饰上有所体现。宽衣博带之风在当时的诸多画作中可见一斑，其中关于“竹林七贤”的画作最具代表性，七人的穿着打扮不拘礼法。他们有的敞开衣襟，有的穿肥大的长袍，有的露出单衣，更有甚者袒胸露乳，光着脚丫，不戴巾帽，非常豪放不羁。

竹林七贤

女子服饰在这一点上也不甘示弱，也具有宽博的特点，女子服饰沿袭秦汉遗俗，仍以襦衫、裙裤为主，主要是在衫裙上以宽博为尚，以条纹镶色为饰，腰间加以围裳，衣袖宽大，腰部紧束。

魏晋南北朝时期服饰最大的特点就是胡服的影响以及宽松的服装风格，这与当时的社会文化背景息息相关，因此，服饰的变革，早已不仅仅依赖于织物和织机的进步，而是置于社会发展的大洪流之中。

六、隋唐五代时期——开放自由，繁华多样

历史的卷轴来到了文化繁盛的隋唐五代时期，说到隋唐五代，我们想到了京杭大运河的气魄，想到了丰美开放的唐代文化，想到了李煜“问君能有几多愁，恰似一江春水向东流”的缱绻诗意……这一时期社会繁荣，同时与少数民族和各国交流密切，服饰更加繁华、丰富和多样，达到了我国服饰发展史上的高峰。开放多元的文化及社会环境催生了开放自由的服饰，男女服饰都发生了较大的变化。特别是唐朝女性“袒胸露臂”的形象在中国历史上独放异彩，成为唐代文化的典型代表。这一独特的女性形象在唐代周昉创作的《簪花仕女图》中得到了淋漓尽致的展现。

(一)男子服饰

这一时期男子服饰主要是纱帽和圆领衫。纱帽，是一种较为正式的首服，一般在宴请、会见宾客时佩戴，广泛流行于儒生、隐士之中。纱帽的样式不一，依照各人喜好而略有不同，但都追求新奇的样式。圆领袍衫，是隋唐男子服装的常服。官员的圆领衫质料上织以暗花，衫的颜色有区分官阶品级之用。隋唐时天子开始穿黄色的衣服，因而民间禁着赤黄色，并对服色制定了严格的规定，亲王和三品以上的大臣穿紫色的衣服，五品官员穿米色，六品穿黄丝交织的龄制成的服装，六至七品着绿色，九品服青色。这一时期男子开始普遍穿靴，靴原为胡服，后被中原用作戎装，到了唐代，文武百官及百姓日常皆可穿靴。

(二)女子服饰

唐朝的女子服饰是整个中国历史中最具特色、最为绚烂的一笔。

唐代妇女的日常服装种类繁多，有衫、袄、袍、腰巾、抹胸、裤、裙、膝裤、袜、鞋靴等。盛唐后衣袖日渐宽大，衣服领子也有各种款式，有圆领、方领、直领、斜领和鸡心领等。其中袒领最具特色，袒露胸脯，穿着时里面不穿

内衣，正如《簪花仕女图》所描绘的，在唐诗中也常有“粉胸”、“酥胸”、“胸前雪”之类的描绘。下身主要穿裙子，其质料、色彩、式样以及装饰都大大超过前代，女子着裙，高至胸部，半袒露乳房，裙长曳地，这一服装反映了唐代物质的繁盛，思想的开明。贵族女子中还有一种裙子，其外观、制作精致，织成百鸟的形状，故称“百鸟裙”，穿之十分华美灵动。而普通女子中以穿石榴红裙为尚，一直流行至明清时期。

唐代妇女发髻也是名目多样，装饰繁复。仅唐诗中就有不少的描绘，如烟髻、云鬟、松髻、宝善、春鬟、蝉鬟、轻鬟等。唐太宗时期，妇女的发髻变高，后来假髻流行，女子喜爱在发髻上插各类金玉管钗、屏角梳篦、花朵为饰。此外，这一时期的女子还十分讲究脸部妆饰，她们在脸上敷铅粉，抹以胭脂，在额上画鸦黄，施眼眉，还在额眉之间装饰由金、银、羽翠等制成的“花钿”。在面颊两旁用丹青、朱红等颜色点画出各种形状，或月牙形，或钱样，叫“妆靥”。

簪花仕女图

花钿

七、宋辽金元时期——各具亮点，织艺精良

宋代开国君王赵匡胤结束了五代十国的分裂，华夏大地恢复了统一。与此同时，少数民族政权辽、夏、金并立。这一时期，少数民族与汉族文化交融密切，这种文化的交融也体现在了服饰上。但由于不同民族的文化传统、信仰以及自然环境的不同，宋、辽、金的服饰也各具特色。

（一）宋

这一时期，经济发展更加繁盛，从张择端的奇作《清明上河图》中可见一斑。宋代纺织工具、纺织工艺、刺绣、印染技术得到了较大的发展，服饰制作技术已经相当发达。宋代文人喜好书画，也影响了服装上的装饰纹路，宋人喜欢将画作绣于服装之上，缂丝、织锦工艺的发展为其提供了工艺条件，绣上的画作栩栩如生，惟妙惟肖，使宋代服装的美观性得到了极大的提升。

尽管宋代在服饰工艺上进步了很多，可以为更精美的服饰提供技术支持，但是宋代的服饰，却远不如唐代的华美丰富，色彩、配饰上都较为保守、含蓄，这与当时思想文化领域盛行的程朱理学有关，理学家朱熹提出“存天理、灭人欲”，强调纲常礼教，三纲五常，尤对妇女有了更多的限制，唐代裸露的服装形式已然不符合当时礼教，女子服装与唐代区别较大。程朱理学的思想影响了社会的方方面面，并对中国传统文化产生了深远的影响，至今人们的思想观念仍体现出这种文化印记。

幞头，是男子首服的一种，幞头最初是巾帕的形式，后来变为了帽子，且官员的公服搭配穿着，除了祭祀以及隆重的朝会，尊至皇帝，下至百官都会戴幞头。幞头背后凸出两脚，内用铁丝或琴弦作为骨架，外覆上纱罗，可弯折制成不同的形状，所以因其曲直各异，而有“直脚”和“曲脚”之分。而与公服相配的是“直脚”的幞头，关于这个的来由，还有一个有趣的传说，据说赵匡胤刚登基不久，有次在上朝时，下面的官员在交头接耳，窃窃私语，仪态不端，赵匡胤内心不悦，便将幞头改为了平直突出的两脚，这样官员再想交头接耳就变得非常不便了。官员们便只能端正仪态。

由于幞头变成帽子后，为文武百官使用，所以平民就很少使用了。宋代男子也戴头巾，头巾款式不一。就款式而论，有圆顶、方顶、琴顶等各种形态。依质料而论，有纱巾、绸巾等；依人名命名而论，有东坡巾、程子巾、山谷巾等。其中，“东坡巾”原为宋代文豪苏东坡所戴，它有四墙，四墙外还有一层

墙，比内墙稍窄些，前后左右的角相向，佩戴时则有角突出，位于两眉之间。

宋代官吏佩“带”，用带的质地来区分职位高低、身份尊卑。如皇帝、皇太子佩的是玉带，大臣佩金带，还有银、犀、铜、铁之类，各有等差。但并不绝对，有时皇帝还会将玉带赏赐给大臣。宋代穿紫色和绯色公服的大臣，须在腰间佩戴一个金、银制成的鱼，叫作“穿紫佩鱼”，这对官员来说是一种荣耀。因为，只有中级和高级的官吏才可以穿紫色、绯色的公服，以及佩鱼。

由于宋代妇女开始缠足，缠足后因脚尖纤小，穿靴不便，所以多穿鞋。女鞋多以锦缎制成，上绣各类图案，按照材料、制法及装饰，分别叫“绣鞋”、“锦鞋”、“缎鞋”、“凤鞋”等，俗称“金莲”。

（二）辽

辽是契丹族建立的政权，契丹族习俗，男子将顶发剃光，或在额前蓄留一排短发，或在耳边披散着鬓发，或将左右头发修剪整理成特殊的形状，然后下垂至肩。辽代皇帝和高位大臣都戴冠帽或裹巾，但中下级官员和平民百姓一律不许戴用，他们只能光头露顶，即使在冬天也是如此。妇女发式有高髻、螺髻、双髻等髻式，也有披发者，额间则以巾带扎裹，或结一块帕巾。另有一种圆顶小帽，形如覆杯，戴时也用巾带系扎，并垂结于脑后。契丹常服以长袍为主，男女皆可穿着，上下同制。长袍大多是左衽，圆领、窄袖，颜色偏灰暗。贵族阶层的长袍更加精致，上绣有花纹、水鸟、龙等图案。

（三）金

金是女真族建立的政权，服饰基本上保留着女真族的传统。男子会蓄长发，长至肩膀，女子则盘发为髻。男子一般头裹皂罗巾，盘领衣，系吐骼带，穿乌皮靴。质料多采用皮毛，织物所用较少，皮毛可以更好抵挡寒冷的侵袭。年轻妇女一般穿黑色或紫色的团衫，直领、左衽，下穿檐裙，裙上绣有花纹，并施以数道褶涧，腰间则用红黄巾带系扎，垂于足下。

值得一提的是，金代服饰中有一重要特征就是多用环境色，即穿着与周围环境相同颜色的服装。这与他们民族的生活习惯有关，女真是游牧民族，穿着与环境色一致的服装，可以在狩猎时起到较好的保护和隐蔽作用。因此，冬天白雪皑皑，他们大多穿白色，春天则会在衣服上绣上“杂花卉”及熊鹿山林等动物纹样。

（四）元

元代是蒙古族统治中原的时代，蒙古人前期服饰体现着本民族的特色，他们披发、椎髻，冬天戴帽，夏天戴夏笠。所穿、所着之皮袄、皮帽、皮靴皆用貂鼠、羊皮制成，样式为右衽而方领。除皮毛外大多用毡皮革制成裘皮衣装。蒙古人通常将他们的头发剃成"婆焦式"，这是蒙古族的传统头饰，不论尊卑，都可以梳，即将头顶四周剃去，中间留发，其中一撮垂之，其余两侧头发或合并为一辫放于后背，或分成两髻垂落于两肩。蒙古族男子也多戴耳环。其后期服饰既沿袭汉制，又有本民族特色。此外，棉织工艺在元代得到普遍的发展，代替了传统的麻织品，因其实用、价廉而受到民众的欢迎，对服装产生了重大影响。且在染织工艺中加入织金，也是元代的一大特色。

元灭南宋之后，全国分四等：蒙古人、色目人、汉人、南人。这样的等级之分，在服饰上有所反映。蒙古族一般衣着华丽，色目人次之，汉人、南人最次。后来，元朝制定了服色制度，对服色禁限很严，"上得兼下，下不得僭上"，如有违反，当官的要解职，平民则要受闷棍惩罚。

元代百官公服沿用宋制，采用紫、绯、绿三种服色。但款式有创新，最大特点是官服上绣有不同花卉图案：一品至五品同为紫衣，每一品级上绣有不同类型的花。六品、七品同为绯色，皆饰小杂花；八品、九品同为绿色，素而无纹，以花卉图案品种不同、大小不同，表示品级不同。

萨都剌《王孙曲》中描写了元代贵族女子的服饰，"衣裳光彩照暮春，红靴着地轻无尘"。元代贵族妇女习惯戴皮帽，穿貂皮袍。这种袍比较宽大，多左衽，袖口较窄。贵族、宫女大多穿红靴。汉族妇女多梳发髻，很少戴冠。蒙古族女性喜欢戴"顾姑冠"，顾姑冠是用铁丝编结而成的，以竹篾、桦皮为骨架，外形轮廓似一个细而高的大花瓶，最高的有五尺多。外面用织物覆盖为表，再将金珠等装饰在帽子上，顶上插有羽毛，这种高冠只在当时的贵族女子中流行。

八、明清时期——端庄传统，落日余晖

（一）明代服饰变化

明朝的封建主义中央集权制进一步加强。明朝建立后，明太祖朱元璋在政治上进一步加强中央集权制，在思想上大兴"文字狱"进行思想控制。同时，这一时期生产力的发展，以及资本主义生产方式的萌芽，也为明朝服饰的发展

提供了良好的物质条件。明朝服饰根据汉族传统习俗，继承了西周、汉、唐、宋服饰的优点，调整了当时的服饰制度。最初制定了皇帝礼服制度，后又规定了冠服制，命妇以及士庶妻的冠服制，文武官常服，士庶巾服制等，各阶层身份所对应的服式基本上明确，这一制度覆盖非常全面完整而明确，实现了“贵贱之别，望而知之”的有序、有度、有制、有数的服饰规范，突出了服饰礼制性、阶级性、秩序性的特点，同时这一时期还制定了区别官阶的服饰标志——补子，也叫“补服”。补子用不同的图案，代表不同的官阶，每一品级都有对应的图案，这是服饰文化史上极具文化色彩的创新。补子在官服上的应用一直延续到了清朝，只是在代表品阶上略有变动。此外，明代服装上还会绣吉祥图案，寄托了人们心中美好的期盼和愿望，衣服的前襟也用纽扣代替了以往的结绳系带的方式。

女子服装与唐代相比，在衣裙比例上大不相同，唐代是上短下长，明朝将上衣变长，衣领以圆领为主。明代女子服装有衫、袄、背子、比甲、霞披及裙子等。明代女子的冠服制度较前代更加完备，其中凤冠、霞披是最具代表性的贵族女子的礼服，“凤冠霞披”后成为中国历史上女子的典型形象，在中国服饰史上具有重要的象征意义。

(二)清朝服饰

清朝时，满族统治者强迫汉人依从满人的习俗，清朝统治者用暴力的方式强制百姓易服，这一时期服饰以满族服饰为主，历时数千年的宽袍大袖、纤弱柔美、宽身束腰、长裙曳地的服饰传统和审美理念逐渐被窄袖短衣，制作简便、穿着便利的满族旗装取代。虽然清朝统治者强迫汉族人依照满族的服饰和习俗，但汉族服饰已经深深植根于当时的社会和人们的习俗观念之中。汉、满两大服饰体系并存，官场全部采用满族的服饰，但是民间仍有汉族服饰。

清代官服中的“顶戴花翎”是其特色，顶子、花翎反映官员等级差别，除此以外，服装上的补子所绣的禽鸟和兽类也代表品级。顶戴花翎对清代官员而言非常重要，在影视剧中可以看到，当官员犯错被革职时都会庄严肃穆地取下“顶戴花翎”。顶戴花翎象征着官员的等级和资历，顶戴是官员帽顶上的装饰品，因官职大小，品质、颜色等会有区分，一品官员帽顶为红宝石，二品为珊瑚，三品是蓝宝石，四品是青金石，五品乃水晶，六品乃砗磲，七品为素金，八品是阴纹缕花金，九品则为阳纹镂花金。在顶珠之下，另有一根约两寸长的翎管，用来安插翎枝。翎枝大多用孔雀毛制成，叫作“孔雀翎”。有单眼、双眼、三眼，眼为孔雀翎上形如眼状的圆。三眼是最为尊贵的，只有皇室中的贝子与固伦额附才有资格佩戴，有资格享有双眼花翎的是清朝宗室和藩部中被封为镇国公或辅国公的亲贵、和硕额附。单眼花翎是五品以上的内阁大臣、前锋营和护军营的各统领、参领(担任这些职务的人必须是满洲镶黄旗、正黄旗、正白旗这上三旗出身)佩戴的。花翎是清朝王室亲贵、王公贵族的专用。

清朝女子服饰大多仍沿袭明代旧俗，凤冠霞披仍作为礼服存在。日常着披风、袄裙，披风大袄、小袄，下身多穿裙子，服色上以红为贵。清末，女子日常服饰中还流行穿裤。裤有两种，分别是满裆裤和套裤。以绸缎制成，上面绣有各种花纹。

清朝满族女子的鞋崇尚高底，这是由于当时满族女子是不缠足的，而当时社会又以小脚为美，所以满族女子穿高底鞋，就可以将脚藏在裙子之下，这种鞋大多以缎、绒作面，鞋面浅而窄，鞋帮上有绣花、如意方头等装饰，有的甚至缀以宝石，这就是我们经常在清宫剧中看到的“花盆底”。

九、民国时期——东西交错，服饰等级弱化

鸦片战争打开国门后，西方的文化传入中国，对中国社会生活的方方面面都产生了影响。服饰在这一时期产生了巨大的变革，不论从发式、首饰、首服，还是服装、鞋等都受到西方的影响，同时又带有传统的印记，这一时期，服饰与等级的关系弱化，服饰与个人的社会角色密切相关。

近代的服饰是一个精彩纷呈、各显神通的大熔炉，既有传统的长袍马褂，又有西式的服装，也有综合的、改良过的新式服装。各类服装之间的等级不像之前那么严格，而是个人角色的象征。比如，看发式便可知其知识文化背景，女子短发则是先进的知识女性，仍梳着传统发髻的，则是个保守的传统女人。

这一时期，出现了很多代表不同群体的服饰。清朝时的旗袍是肥大宽松的，这样的设计对女子的行动非常不便，近代旗袍进行了改良，改成了紧身窄袖，并在大腿处开叉，尽显身段的婀娜，这也与当时开放的西方文化的影响有关。穿旗袍的大多是时髦的城市女性，她们紧跟时尚潮流，既有知识分子，又有烟花之地的歌女。穿洋装、洋裙，梳着西式的垂卷发辫的，大多是富贵人家，且接受过新式教育的小姐。穿传统的女子服饰的，往往来自农村，或是富人家的佣人。

穿西装的男女，大多具有较高的知识水平，如银行的职员、政府的官员、

大学的教授等，抑或富家子弟。穿长袍的，可能是教师、思想较为保守的读书人、生意人等。这时，还出现了学生装，男女不一，女学生装也是从传统的女性服装上改良过来的，颜色一般是上蓝下黑，上衣是宽松的斜襟短衣，下衣是黑色的过膝裙，穿着一双白色长袜，脚着黑色小皮鞋。学生的发式是两条垂于肩前的辫发，状如麻花，因此叫麻花辫。男学生装，上衣是一件带一排纽扣的短衣，下面是长裤，与西服类似，头戴一顶扁而平的圆形帽子。这一时期，还出现了依照西服改良的中山装，以孙中山的名字命名，还暗含了中国共和与宪法精神，因此曾被提议为国家礼服，中山装曾流行一时，尤其被一些先进的青年男子所推崇。

西方思想文化对这时的服饰产生了巨大的影响，中国服饰在这样的进程中逐步脱离了传统的服饰，服饰的区分等级的作用弱化，甚至逐步消失，逐步与世界接轨，与社会角色、职业角色等关联起来。

第二节　中国服饰特点

一、鞋

鞋是人类服饰文化的重要组成部分，它不仅具有实用价值，还有审美价值。我国鞋的种类各式各样，材质各不相同，在我国古代，鞋子更是一种礼仪规范与等级标志，蕴含了丰富的文化、艺术、历史价值。我国历史源远流长，鞋子的历史亦如这文化长河般悠久，值得我们去探索。

在远古时期，我们的先祖经历了从食素进而转向食肉的变化，在他们捕获动物后，食其肉，剥其皮。以前的天气条件十分恶劣，先祖们在狩猎和采集过程中逐渐积累了一定的经验，为了不受到外部天气以及地面条件的影响，他们学会将兽皮利用起来，制作成最简单的衣物来防御风寒，人们不仅用兽皮来挡住皮肤，还学会把兽皮裹在脚上，从而保护脚不受到石头等利器的伤害，这种兽皮鞋，便是最早、最原始的鞋子了。除此外，原始人还会将植物的根茎裹在脚上，用来防寒护脚。我国各地有出土关于鞋的文物，如新疆温泉县阿尔卡特草原的一尊石像、甘肃玉门火烧沟的彩陶人形壶、辽宁凌源牛河梁红山遗址的塑像，都间接地体现了鞋子的形态，新疆出土人像着高筒皮靴，甘肃出土的彩陶人形壶上刻了一双尖头大鞋，辽宁出土的少女红陶塑像脚着一双短筒皮靴，这些都说明了在远古时期，我国鞋子从最简单的包裹到作为鞋形态的变化。尤其是新疆楼兰出土了一双羊皮女靴，还有一具女尸脚下穿的一双鞋，据考证，这双女靴由靴筒和靴底组成，内里的羊皮还依稀可见，距今已有 4000 年，此发现可谓在鞋史上具有划时代意义。总的来说，在远古时期，人们便已穿上了各种高、短筒靴、翘头鞋、尖头鞋等，这些与现当代的鞋已十分相似，至于他们到底是如何进行缝制、加工、完成的，至今仍是一个有趣的谜。

我国古代鞋的起源无从考证，在殷商时期便有了各种鞋履，其制作的材料有皮、草、棉、布，相当齐全。有趣的是，我国古代的鞋子并不分左右，这时期的鞋子大多是一样的。我国古代男女的鞋大多是同样的，有舄、履、屦，分多种颜色，不同地位的人穿不同的鞋。舄，在所有履中最为尊贵。它是双底鞋，是以革为底，木为重底，可以在泥地里行走而不透水。鞋面大多是以绸缎制作而成。周天子的舄有三种颜色，分别为黑、白、赤。其中赤舄最为尊贵；皇后的也有三种颜色，分别为赤、青、元。其中元色最为尊贵。所以在最隆重的场合，周天子穿赤舄，皇后穿元舄。《实录》中记载："夏商舄履皆以皮为止。"哈密市五堡墓地出土的长筒皮靴就是很好的证明，皮靴由靴面、靴底、靴勒组成，经细皮缝制而成，靴尖上翘。在商代，贵族脚穿翘头船式样的翘尖鞋，而商代武士穿的是薄底翘头皮履。可以看出，在殷商时，人们便已熟练地掌握了各种制鞋技术。在当时的贵族阶层中，除穿皮履外，还普遍地穿着各种麻鞋和丝鞋。周代进一步完善了礼制，在服饰方面形成了一套较完备的礼仪制度，每一阶层的穿着皆有严格的规定，成了礼仪中不可缺少的表现形式。中华人民共和国成立后湖南长沙楚墓出土了一双用皮缝制的鞋，它用皮革作帮底，并以皮线手工缝制而成。鞋面由三块皮革部件组成，鞋头呈方形。另外还有一双由塔里木盆地扎洪鲁克古墓出土的西周革靴，全用革制成，鞋形清晰美观，经过仔细缝制而成。这说明当时制鞋设计工艺已具较高水平。

秦汉时，流行圆头鞋和歧头鞋。所谓的圆头鞋便是指鞋头呈圆形，歧头鞋是指鞋头分叉、翘方身。汉代学者扬雄《方言》云；履"徐充之郊谓之扉，自关而西谓之屐"。可见不同地区对鞋子的称谓是不一样的。古时，身份地位不同，所穿的鞋亦不一样，比如秦代军官着方口齐头翘尖履，士兵则穿浅履或短靴。在秦汉时，鞋子的礼仪诸多，比如进屋要脱鞋，在房间中，众人需脱鞋进去，穿着袜子在房中行走，上朝觐见时，亦需要脱鞋，当然，总有几个被皇帝"特殊"对待的人，比如汉代的萧何、梁翼、曹操。对鞋子的重视不仅反映在礼仪上，还反映在对鞋履的装饰与材料上。穿丝鞋的都是有钱人，宫廷设置了"丝鞋局"这样的机构，专门供应皇室贵族的丝鞋。有钱人在材质上也有讲究，有丝履、锦履和皮履。但是穷苦老百姓就没有那么讲究了，大多穿草鞋和麻鞋。而且鞋子的颜色也必须遵循朝廷的规定。在魏晋南北朝时期，就有规定："士卒百工无过绿、青、白；奴婢侍从无过红、青，犯者问斩。"穷苦人家在汉代还可以穿木屐，不过木屐不能在正式场合穿，一般是在家闲居时候穿。1964年出土于新疆吐鲁番阿斯塔纳古墓的一双彩色履为东晋的遗物，保存完好，鞋上有着大红、草绿、灰黑、浅黄、土黄、白等色，最值得赞叹之处是，当时人们用不同颜色织出了三行汉隶文，可见当时的编织法已达到一定高度。

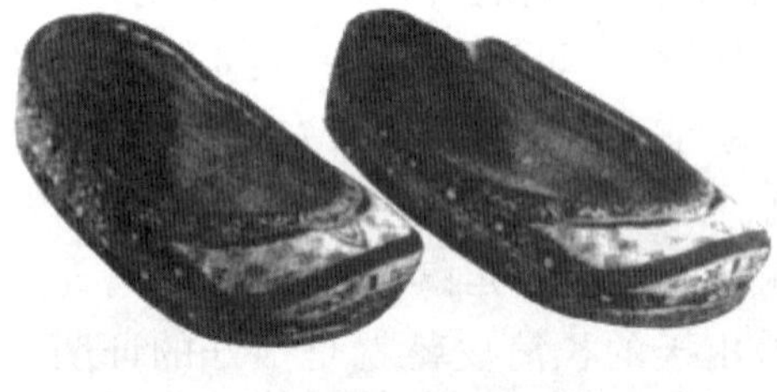

新疆吐鲁番阿斯塔纳古墓的一双彩色织成履

唐代流行各种锦履和草履，锦履为富贵人家穿着，草履为普通劳动百姓所穿。唐代男女鞋子的大小都差不多，女鞋的鞋头变化多样，有呈凤头形，有呈云头形，云头锦履是一种高头鞋履，用布帛来编织，因其鞋头高翘翻卷，形似卷云而得名。男鞋有高头亦有平头，但鞋头不做翘头式。《车服志》云："妇人衣青碧缬，平头小花草履，彩帛缨成履，及吴越高头草履。"当时草履的编织技术已达到很高的水平，纤如绫般。草履深受唐代妇人的喜爱，特别在江南一带，穿草鞋极为普遍，有蒲草、芒草等一些耐磨、耐水的草编鞋，是劳动者必备的生活用具。还有重台履，这是一种高头鞋履。履头高翘，又在上部加重叠山状，顶部为圆弧形，男女均可穿着，隋唐时多用于妇女。

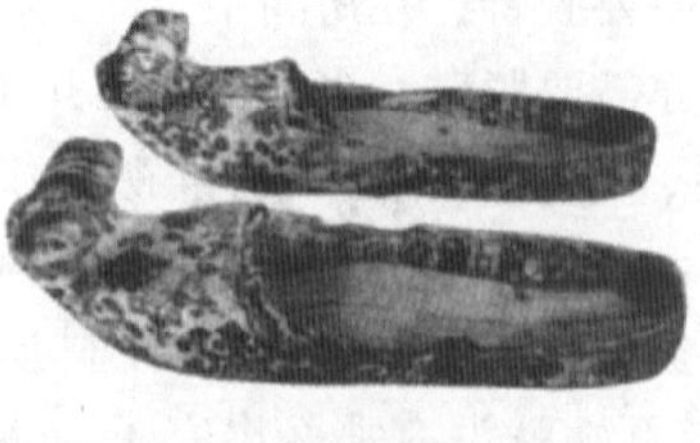

唐代锦履

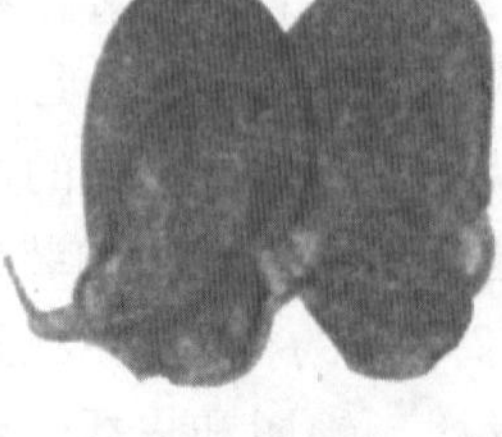

麻线鞋

隋唐以后，靴子就成了朝服，等级规定就更加严格了。宋代的鞋根据材料来定名，分为草鞋、棕鞋、布鞋等，这些鞋一般为劳动者所穿着，但是一些贵族和士大夫们平时在外出游玩时也会穿着。宋代文武官员在上朝的时候都是穿黑皮靴，但是根据官服的不同颜色来装饰皮靴的边缝。宋代也穿木履，主要流行在南方，用木来制鞋底，用绳做带。女鞋的鞋面颜色用红色和青色，用红色制作鞋面并在鞋上刺绣称为红绣鞋，红绣鞋也有在鞋头作凤头样式的，起着装饰鞋的作用。劳动妇女则大多穿平头和圆头鞋。在南方地区的劳动妇女为了在生产劳作时更加方便，则选择穿草鞋。

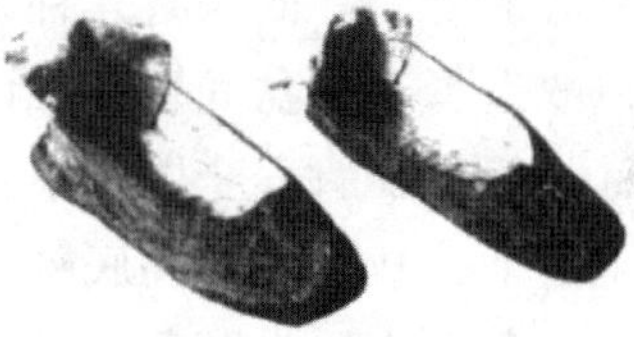

到了明朝，鞋子更是种类繁多，并且细化，这时期的鞋子分为皮靴、青布鞋，软底皮鞋、蒲鞋等，其中最具代表性的鞋履莫过于军戎服饰中的军鞋了，形状多样，每一等级的鞋都不同，分为短靴、朝靴、云纹头皮靴等。当鞋子与军服相搭配时，显得十分庄严、英武。

由于明朝的等级制度十分严格，从上至下各等级的鞋子有着严格的规定，例如明朝开国皇帝就曾下令：文武官员以及父兄子弟以及女婿可以穿靴，庶民、商贾、步军以及余丁等都只允许穿一种有统的皮履，不能穿锦绮镶鞋。蒲鞋在南方为劳动者所穿，木履则主要在广东等省流行，都加彩画或作龙头形。学者一般穿镶边云头履，平民穿的是则一种深口并有些屈曲的鞋子。妇女穿云样鞋、凤头鞋，其上有绣花并加缀明珠。可见，不同样式的鞋子代表不同的身份地位。

清代满族人承继祖先骑马射箭的习惯，因而男子一般都穿靴子。朝廷的官员穿方头靴，而普通老百姓只允许穿尖头靴。制作鞋子的面料有绒、素缎、青布等，夏天采用素缎，冬天采用青建绒。清代的鞋底有薄底和厚底，例如士兵穿的便是薄底快靴，这种鞋子非常轻便，适合士兵活动；军机大臣穿绿牙缝靴，也是一种薄底短筒小尖靴，差官脚着厚底靴，通常用草来做底，行走笨重。清朝的女鞋值得一说，这时的女性脚着"旗鞋"，其最大的特点便是在鞋底中间分出一个高底，高底类似花盆、马蹄等，因而被称为"盆底鞋"、"马蹄鞋"，这种鞋子像今天的高跟鞋一样，能使人增高，这个高底也会随着女性的年龄的增长，而逐渐降低。这种鞋子的底部由木制成，鞋面绣花。关于清朝这种特别的鞋底的源头，向来有几种说法，一说清朝女性为增高身长，展现女性的曲线美，故选择这种盆底鞋；二说早期的满族女子在山中行走，有时会碰到蛇、虫类，为保护腿脚安全以及不弄脏鞋面，故做；三说满族女性爱穿旗袍，为避免旗袍落地，故而制作高底鞋。无论由于哪种原因，这种花盆鞋深得贵族女子喜爱，连慈禧太后也穿着此鞋。

花盆鞋

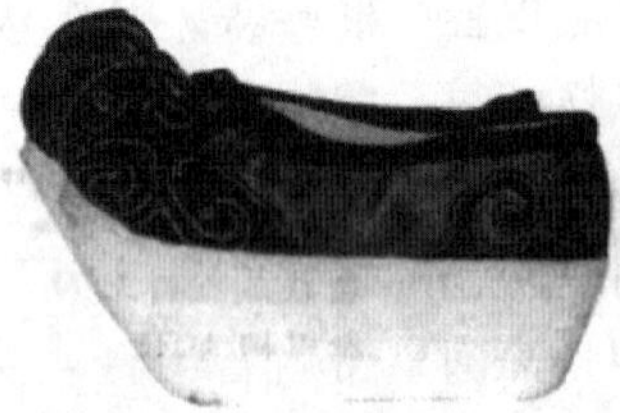

"登云里"

二、衣裳

中华民族是一个重视"面子"的民族，衣服更是人的外观的最直观的体现，在日常生活或是影视作品中，我们经常会看到这样的形象：穿着自己最新最好的衣服进城的农民，精心挑选漂亮衣服去约会的佳人，套上正装束起头发前去面试的职场小白……早在原始社会，衣服对人而言就不仅仅具有实用价值，在漫长的其发展历程中，逐步具备了审美价值，又被赋予了更多的象征意义，它既区别于性别，又象征着社会地位，也表征着穿衣人的职业，也因场合的不同而有所变化。因此，本部分将介绍各种不同类型的服装，既包括正式的、存在于礼制系统的官服与朝服，特殊场合的服装，又包括日常的服装等。

(一)官服与朝服

1. 冕服与龙袍

自等级分明的服制形成以来，天子作为社会的最高等级，其服装自然位于服制的顶端。最早的天子的服装就是冕服，冕服自西周至唐宋一直是天子、公卿、士大夫祭祀时所穿的祭服，上有十二章纹，因身份地位不同，章纹有所不同，冕服的章纹规格差异前文已经详细介绍，这里就不再赘述。冕服到了明代已成为帝王的专属服装，直到清代冕服才被废除，在我国历史上有着较为漫长的生命历程。

提到龙袍，必不陌生。冕服在发展之初并不是帝王的专有服装，而龙袍毫无疑问，只有帝王才可以穿，若他人私自穿着或私藏龙袍，就会被判定为谋反谋逆。龙袍，又叫作“黄袍”。这里不得不提一个家喻户晓的故事——赵匡胤“黄袍加身”，赵匡胤曾经是一个将军，他手下的亲信和士兵密谋想要拥护赵匡胤做皇帝，因此暗中命人做了一件黄袍，第二天将已经准备好的黄袍穿在了赵匡胤的身上，这时众人跪地高呼万岁，因此当大军攻打至京城后，赵匡胤顺理成章地称帝，建立了宋朝。可见，在封建社会中黄袍具有极高的象征意义，象征着至高无上的皇权和不可亵渎的权威。黄袍作为帝王的专属服装，最早是源于唐代的，在这之前，普通百姓也可以穿着黄色的衣服，后来黄色才成为帝王、皇室专用的服色。黄袍上绣有龙的图案，龙是帝王的象征，代表着所穿之人是“真龙天子”。龙袍自唐朝产生，后被历代皇室沿袭，直到清末随着封建时代终结而废止。

2. 朝服和官服

中国古代社会是一个等级分明的社会，皇亲贵胄、朝中官员，按照官位大小、尊卑都有不同的朝服和官服。朝服是帝王、后妃、百官、命妇在朝会时穿的服装，由祭服演变过来的，是在非常隆重的场合所穿的服装。每一时期的朝服形制略有不同，在西周时期就已经有了朝服，西周的朝服与当时的服装“上衣下裳”的形制一致，叫作“皮弁”，颜色是白色和素色，朴素无纹，所以会在皮弁上用玉石装饰，并用玉的数量代表不同的等级、身份。春秋战国时期和西汉时期的朝服都是黑色的。到了东汉，帝王百官的朝服都采用了上下一体的深衣制的衣服形制，叫作“袍”，因为大多用绛色纱制成，所以又叫“绛纱袍”，绛纱袍以深红色为主，长至膝，领口、绣边和衣襟为黑边。穿袍服时，腰间需系上佩绶、衣带、佩玉等，这样的朝服一直沿用到了明代。清朝的朝服，用顶戴花翎以及衣服上的纹饰区别官阶品级，一品至三品的朝服上绣的是五爪九蟒，四品到六品官员朝服上是四爪八蟒，七品至九品则是四爪五蟒。每个朝代的朝服，都会有所不同，并且女子也是有朝服的，皇后、妃子以及有诰命的命妇都有与其品阶相对应的朝服，在《红楼梦》中贾元春加封贤德妃时，宫中请贾府众人去谢恩，贾母等人“就都按品大妆起来”。穿着朝服，代表着对面见者的尊敬，在很多的影视剧中，经常有这样的场景：心急的臣子有要事要禀告皇帝，即使再急迫，也会对下人说：“为我更衣，我要进宫面圣”！可见，朝服在古代等级森严、礼制约束的社会中，具有较高的地位，既是荣誉的象征，又是上层社会不可逾越的礼仪规范。

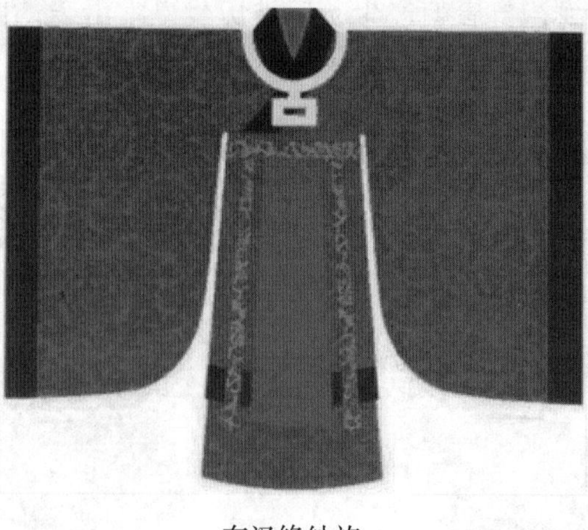

东汉绛纱袍

官服并不是等同于朝服的，朝服主要是参加朝会时的服装，那么当官员下了朝后，从事日常的公务和工作时，所穿的服装就是官服，也叫公服。官服随着朝代的变迁也有发展和变化，较早的官服是“ 拘衣”，这是一种单衣，袖子较窄，便于官员处理公务，这样的官服样式，一直沿用到了隋朝。到了唐代，官服采用袍制，用官服的颜色、配饰以及衣服上绣的纹样区别官吏的等级身份，唐朝的官服颜色有四个等级，一品到三品穿的是紫色的官服，四品到五品的官吏穿绯色的官服，六至七品官吏穿绿色官服，八品至九品则穿青色，这样的以服色区分官阶的制度也一直影响着后代的官服。宋代的官服，与前代不同，圆领，袖口宽大，腰束革带。元代沿袭宋代，但在袍服上绣上了花卉的图案，按照花卉的品种、大小区分等级。明代的官服又略有不同，整体上仍是袍制，但是领口变为了盘领、右衽，服色与官阶的匹配也有了变化，明代以绯色为尊，一至四品官吏穿的是绯色的官服，五至七品是青色，八至九品是绿色。到了清朝，废除了服色制度，不再以服色区分官员级别，不论职位高低，都穿蓝色。

除了颜色可以区分官员等级品阶，上面所绣的图案也有同样的作用，官服上会纹有不同的图案，基本上以飞禽走兽为主，这是在武则天之后才逐步发展起来的。在此之前官服上所纹图案以暗花居多。文官的官服上绣的是飞禽，而武官的袍服上绣的是走兽，“衣冠禽兽”这一成语就是起源于此的。这样的飞禽走兽的图案，一直沿用到了明清时期，成为明清官员官服上的“补子”。因此他们的官服，又叫作“补服”，“补子”外形为方形，在袍服的前后各有一块，用金线和彩丝而绣，明清两代文官的补子大抵相同，而武官部分补子与品阶对照存在差异，如清朝武官一品的补子是麒麟，而明代的武官一品则是狮子。文官的补子有仙鹤、锦鸡、孔雀、云雁、白鹇等，武官的补子有狮子、虎、豹、熊等。

五品文官补服白鹇

清朝二品武官补服狮子

官服和朝服，是奴隶社会、封建社会等级制度下特有的产物。随着清朝灭亡，封建政权的覆灭，官服和朝服也退出了历史舞台，但它仍然成为中华民俗文化中辉煌绚丽的一笔。

(二)日常服装

1. 中国古代便服

帝王、官僚的服装受各种服制、等级的约束，而芸芸众生中的大多数是普通的百姓，他们的日常服装又是什么样的?

居家服装就是人们平时所穿的衣服，是便服。这种衣服受等级、礼制的约束较少，历朝历代都有不同式样的便服，且多种多样，美观又实用，更多的是受社会风俗的影响而有所创新、变革。这类衣服主要满足的是实用以及审美的需要。因财富的多寡，在面料、刺绣工艺上会有不同，但是衣服的形制、样式并不区分等级，比如富人穿的是绫罗绸缎，而穷人穿的就是粗麻葛布。中国古代漫长的历史中出现过很多的日常服装，最主要的便服的形制有深衣、衫、襦、袍、袄、褂等。

(1)深衣、衫、袍

深衣、衫、袍都是上下一体的形制，其中深衣是最早出现的。早在春秋战国时期，深衣就已经逐步成为主要的服装样式，深衣是中华服饰民俗中影响最为广泛、最为深远的服装。在很多的古装剧中，深衣都是主角的标配。比如电视剧《美人心计》中就有大量的深衣的画面，剧中不论男女，上至吕后、天子，下至宫女、家佣都穿深衣，可见深衣是使用率最高的，也是等级社会中少见的不区分尊卑地位的衣服。

深衣作为最早的“连衣裙”，在制作剪裁时，是上下分开制作的，最后再将上下缝制为一体。从整体观感来看，它仍是一分为二的，一般在腰部系有腰带，并在腰部缠绕数周，腰带大多是由绫、罗、绸等织物制成。深衣的长度长至脚踝，将全身都遮裹住了，真可以说是“衣如其名”。深衣是圆袖方领的样式，圆袖代表圆规，意在举手投足都要合乎规矩，方领则寓意着品行端正。深衣背后还有直直的垂线，象征着做人、做事要行得端、做的直；下摆平正，代表着公正公允。

深衣有曲裾和直裾两种，直裾深衣不绕襟，曲裾则需绕襟至后背。当时的人们不知道穿裤子，顶多就是在小腿上绑上裤腿，所以出于遮羞的目的，曲裾就应运而生了。曲裾深衣是古代最流行的一种服装之一，尤其对女子而言，穿着曲裾会显得身段婀娜，举止优雅。曲裾的衣角被接出一段三角的形状，穿的时候绕过后背，下摆是呈喇叭状的，腰身窄紧，衣长曳地，因此行走时不用担心露足。后来，随着衣服样式的不断发展，裤子也得到了改进，内衣，以及有裆的裤子出现后，曲裾深衣就有些多余了，逐渐被直裾的样式取代。

深衣的颜色也很有讲究，但不同于官服服色与等级挂钩，深衣的颜色是受伦理孝道的影响的。如果祖辈、父辈健在，深衣的颜色就是绿色的。如果祖父母去世，父母健在，或者是父存母亡，就应当穿青色的深衣。若父亡母存，则着素色深衣。古人非常重视孝道，通过这样的方式表达对逝去长辈的尊敬与悼念之意。

曲裾深衣

袍也是一种上下一体的形制，袍与深衣的不同之处在于其长度不同，袍的长度一般在膝盖以下；深衣的袖子较宽，袍是窄袖；袍为直裾，衣摆也没有深衣那般宽大。但袍与深衣也有很多相同之处，它们皆是男女可穿着的，都为交领右衽。袍在战国以后比较普遍，最初是作为一种内衣的，发展到了汉代，就成为日常穿着的外衣，甚至是新娘婚嫁时的礼服。袍成为外衣后的用途也非常广泛，不仅不分等级，亦不论场合。相比于深衣，袍的实用性更强，其袖口部分收敛变窄，便于活动，并且在领、袖、襟、裾等绣以边缘，既有装饰的作用，有可以增强这些边缘部位的耐磨性。因此，袍也成为古代应用最为广泛的衣服。

衫是由深衣演变而来的，衫是一种单衣，在魏晋时期最为常见，衫一般由轻薄的纱罗制成，是一种单衣，袖子宽大垂直，因其薄、透的特点而适宜夏天穿着。追求美是人的天性，古人在衫上增加补子装饰，或是点缀珍珠，或是在织绣印染工艺上下工夫……因此衫也出现了各种类型和名称，有裥衫、缺袴衫、对襟袒胸衫、大袖、生色衫、金泥衫、珍珠衫等。今天我们日常生活中也经常提到“衫”，种类繁杂多样，但是如今的“衫”与古时不同，更多是衣服的泛称，在式样上也是天差地别。

深衣、衫、袍都是古代上下一体的服装形制，同中有异，异中又存同，共同构成了古人衣袂飘飘、端庄持重的形象。

(2)襦、袄、

襦、袄是两种主要的短衣，襦一般搭配裙穿着。在东汉以前，襦是男女都可穿着的，后来大多是女子穿着。襦裙的长度无定制，最短的仅到腰间，衣袖有宽有窄，款式不一。各个朝代的襦的款式也各有不同，有交领的，也有对襟的；有窄袖，有宽袖；有配纽带的，也有不系带的等。袄是由襦演变而来的，它的长度比襦要长一些，大约到人的胯部。与襦相比，袄更加保暖，大多用厚实的织物制成，一般在秋冬季穿着，袄因质料不同，分为棉袄、夹袄、皮袄。棉袄是内夹棉絮，夹袄是内衬夹里，以动物皮毛为衬的就是皮袄。现在，我们日常也会穿棉袄，但是式样与古代的袄相去甚远。

(3)裳、裙

自上衣下裳的服装形制产生，裳就已经存在，裳是穿在裤的外边，用来遮蔽下身的服装，男女都可以穿着，裙是由裳演变而来的，但是裳与裙不同，裙子是由一整片织物围至而成，而裳则是分为前、后两部分，前面由三块布构成，后面是四块，中间有缝隙，加之汉以前的裤子是无裆的，所以行为举止要特别注意，这也是为何汉代以前的人们往往采用跪坐的原因。后来，有裆的裤子出现后，裳也发展成了裙，裙在一开始是男女都穿着的，南北朝以后才逐渐成为女性的专门服装。

不论是具有严格象征意义，规范性质的官服和常服，还是兼具美观与实用的日常服装，都是当时社会背景与我国文化传统的显性符号，他们在漫长的民俗文化史中变迁、发展，对近现代的服装产生了深远的影响。

2. 中国近代日常服装

古代的奴隶社会和封建社会时期是礼服与日常便服并存的时期，清朝覆灭后，代表等级与礼制的服装便湮没在民主革命的浪潮中。近代的服装发生了较大的变革，服装的穿着不再受封建礼制的束缚，同时这一时期西学东渐，西方的服装对中国产生了巨大的影响，出现了中西合璧的改良服装，其中最具代表性的是改良式的旗袍和中山装。

(1)改良旗袍

之所以称之为改良旗袍，是为了与当时清朝的满族旗袍区分，满族旗袍的特点是保守、肥大，呈直筒状、长袖、脖颈处围有小围巾，往往还会在外面加上一件长至腰间的坎肩，内穿长裤。随着时代的发展与西方思想文化的影响，旗袍在原有形制的基础之上吸收西方服饰的元素，旗袍的长度缩短至小腿，直筒肥大的袍身改成了收腰紧身，长袖变为了短袖或无袖，领子也改成了低领，旗袍的缀边也由镶滚宽边改成了窄边，并以简洁纹样修饰，改良旗袍内穿长筒丝袜，当时又叫作“玻璃袜”。紧身、贴身的改良旗袍凸显了女性的婀娜曲线，与保守的传统思想产生了对立冲突，当时也有不少人反对，甚至嘲讽道：“衣瘦如竹管，后露臀前露乳丑态难遮。”但是在不断前进、追求自由的社会潮流中，封建观念的卫道士们的冷言酸语就如同“螳臂当车”，难以撼动乾坤。改良旗袍穿之使人优雅、高贵，一度成为当时女性中最流行的服装，受到各类人士的喜爱，甚至受到世界各国的推崇，被称为国服。直到现在，旗袍仍是中国传统服饰的典型代表。

(2)中山装

中山装也是中西合璧的一种，最早由孙中山创制，所以叫作“中山装”。孙中山先生在西方以及日本服饰基础上，融入中国的传统元素。改良中山装大方朴素、方便实用，兼具中西服装的优点。其领子是封闭式的单立领，避免了西装内搭配衬衣的繁琐；上身正中门襟有五个纽扣，上下左右有四个口袋。相较于传统的长袍马褂，中山装显得人更加精神、有朝气，也更方便行动。相比于西装，中山装也更加经济适用，含蓄内敛。另外，中山装的色彩更加丰富，以蓝色、灰色为主，还有驼色、白色、黑色、米黄色、灰绿色等。穿着中山装的人涵盖了不同领域、不同阶层，在近代社会中山装象征着革命性，其创制过程也与辛亥革命颇有关联，代表着拥护革命，与封建势力决裂。人们以穿中山装为荣，穿中山装代表着先进、民主，因此在当时非常的流行，毛泽东和蒋介石也都非常喜欢穿中山装。中山装和旗袍一样，也被称为国服，在华夏大地上风靡了几十年。

3. 中国当代服装

虽然当代服装中也有“袄”、“衫”、“裙”之类的服装表述，但是与古时大有不同。当代服装款式多样、琳琅满目，衣服不再象征等级，更多的是对美观舒适的追求，更多地体现了个人的审美情趣和个性追求。除此以外，当代服装会与职业产生较大关联，不少职业会有职业装，例如医生、护士、律师、工人工作服等，服装在提升个人专业形象方面发挥了重要作用。另外，服装的颜色也偶有讲究，但与古代代表等级不同，当代只是对某些特殊场合的服色有约定俗成的观念，比如在丧礼上不应穿颜色鲜艳的衣服，一般穿黑色或白色，参加婚礼时，宾客不适宜穿白色衣服，春节时穿红色衣服更符合节日的氛围等。

三、帽子

中国的帽子历史渊源长久，由最初的实用功能逐渐转化为遵守礼仪制度的物品。帽子可以体现出一个民族的审美习惯和精神风貌，纵观中西方，帽子有各种各样的形状，其代表的文化内涵与背景亦良莠不齐，这里只探讨中国古代帽子的发展。

最早的帽子我们可以追溯到远古时代，先祖们在风吹雨淋的生活中逐渐使用树叶、兽皮遮在头上，来挡风避雨御寒。如《后汉书舆服志》记载："上古衣毛冒皮，后代圣人见鸟兽冠角，乃作冠冕冒。"帽子的产生最早是用于防暑御寒的需要。帽子的起源是人类认识自然，征服自然，改变自然的表现，客观上来说地理环境、天气条件、风土人情、宗教信仰等都是推动帽子发展的原因。先秦时期，中国的奴隶制社会逐渐成熟，生产力得到空前发展，其社会体系的构架也更加完整，商周时，其服饰制度已为国家的礼仪制度相结合，服饰成为其"昭名分，辨等级"的"工具"，具有标识作用。据说黄帝首先发明了帽子，但其并不是用来遮风挡雨，而是具有装饰和标识的作用，象征着统治阶级高贵的地位。先秦时候的帽子并不叫帽子，而称作"冠"和"冕"，这是因为当时制定了冠冕制度，当时只有皇帝和大臣可以戴帽子，显示等级的差异。

到了周代，帽子结合礼仪更是"相得益彰"，如祭祀有祭服，婚嫁有吉服，上朝有朝服等。当时连孔子这般大学者都不能戴帽子，只能用巾来裹头。人们在戴冠冕的时候，会用到笄来固定帽子与头发，使帽子不掉落下来。笄就是簪，制作笄的材质也有很多，如木、玉、铜等，笄的使用也有所不同，一般男戴单笄，女戴双笄。

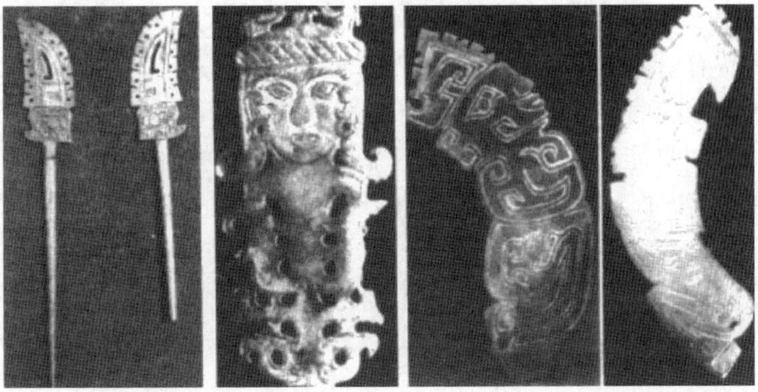

春秋战国时期，诸侯的壮大，使得战争频繁不断，在礼仪制度方面也已礼崩乐坏，冠冕制度也因此分崩离析，另一方面，由于中原的动乱，外族侵入，将他们的服饰特点亦带进了中原，诸侯们各不相同的审美则会引起帽子的不同，这时的帽子有漆沙帽、藤帽、貂皮冠等。帽子是统治阶级身份地位的象征，在历史的演进中，即使历经转变，却始终保持着这一特征，直至民国的建立，这一象征才被取消。

说到秦朝的帽子，不禁让人想起世界八大奇迹之一的秦陵兵马俑。兵马俑头上的结巾发式繁多，但我们可以看出，兵马俑的发式完美地将头发较牢固地盘在头上，从而不易散落下来，具有很高的实用性。也从秦朝开始，巾这一物品开始系在头上，并对汉代帻巾的流行产生重要影响。

秦陵兵马俑

汉代的帽子以巾帕和冠冕为主流。巾最初为平民所戴的一种头帕，其制成的材料很多，有着不同的名称，如络头、帕头、陌头等。汉朝巾帻使用十分广泛，不仅平民戴，官员也会戴，不同身份的人使用不同材质的巾帻，如文官戴介帻，而武官则只能使用平上帻。对于针对不同身份而制定的使用不同帽子礼仪的规定在《后汉书·舆服志》也有所体现，如里面记载道："尚书绩巾，方三寸，名曰：纳言，以示忠正，显近职也……武吏常赤帻，成其威也；未冠童子帻无屋者(露双髻)，示未成人者。"官员们往往先戴巾帻，然后再戴冠。文官戴介帻，武官则只能用平上帻。

冠冕是古代人在祭祀典礼时所戴，其顶部有一块"冕板"，被称为"冕旒"。汉代的冕旒亦根据不同身份地位来制作，以黑色为主，皇帝大臣，冕旒皆不一样，如皇帝冕旒排，制作的材料为玉，冠冕戴在头上，再用笄横叉，起到固定作用。

魏晋南北朝的冠冕依然承袭了汉朝，但制作发生了改变。首先表现在帻的形制上，魏晋时候的巾帻的后部逐渐加高，成一小顶隆起，被称为平上帻或者小冠，这种小冠在全国各地皆受欢迎，其次，在小冠的基础上，当时的人们又增加了笼冠，再用黑漆细纱制成，成为"漆沙笼冠"。有趣的是，这种帽子在魏晋南北朝时，男女皆可使用，正如我们平常在电视剧里看到的一样，某朝廷女官会头戴漆沙笼冠。

《洛神赋图》中，我们可以很清晰地看见其后的侍者皆戴这种漆沙笼冠，这种帽子可以说是这一时期的代表。除此之外，当时还有高顶帽、突骑帽，前者在《隋书·礼仪志》说道："帽自天子，下及士人通冠之，以白纱者名高顶帽，皇太子在上者则乌纱，在永福省则白纱，又有缩皂杂纱为之，高屋下裙，盖无定准。"实际上这种帽子有好几种形式，有的带有卷荷边，有的带纱高屋，

有的带有乌纱长耳。魏晋南北朝时期曾有过一次民族大迁徙，使得南北的习俗、文化、服饰等交流、融合，流行一种突骑帽。其外，巾在魏晋南北朝亦十分流行，它尤其受到一些文雅儒士的喜爱，前面说到，巾有很多种，分为缣巾、葛巾、纶巾、折角巾等，亦标志着身份的不同。诸葛亮曾有“羽扇纶巾”，竹林七贤壁画亦刻着戴巾的文人们，颇具儒雅风度。

隋唐是我国历史发展中最为繁荣昌盛的一个时代，各行各业都得到很大的发展，其中，服饰、编织皆达到很大的发展。纺织行业的最高机构为“染织署”，其分工明确，各司其职，负责宫廷的一身穿戴。这一时期最为常见的帽饰为幞头，隋朝幞头较简便，唐代幞头样式较多。幞头也是巾的一种，最早为平民所戴，后来衍变成多种样式，得到社会各级人员的承认。初唐时，幞头的巾较为低平，到后来逐渐增高，形成固定的帽式。幞头后的带子，称为幞头脚，有软脚和硬脚之分，在唐代，幞头脚开始产生变化，人们用丝弦、铁丝等作为里面的骨架，从而使得幞头脚变得上翘起来，称为翘脚幞头。幞头一般用青黑色罗纱制作。虽然唐代社会风气逐渐开放，帽子的地位象征有所减化，但依旧作为身份特征流于民间，如当时的文官戴展脚幞头，武官戴交脚幞头。

唐朝宰相房玄龄

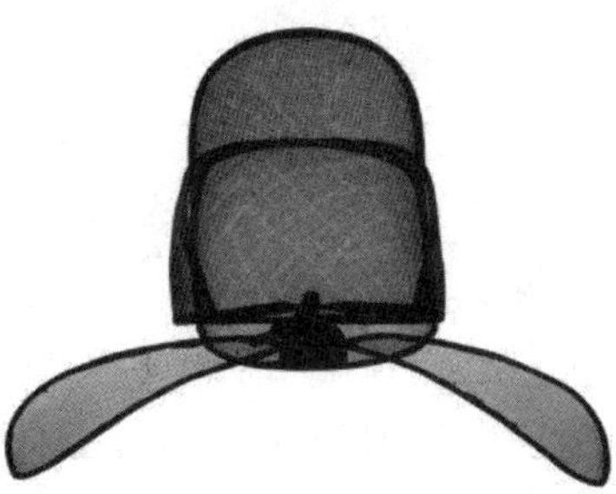

唐代翘脚幞头

隋唐除了幞头，还有进贤冠、平巾帻、通天冠、武弁、皮弁、乌纱帽等，进贤冠在汉代便已经流行，魏晋南北朝时继之，到了唐代依旧有着重要地位，并对之后的明朝的帽式也产生影响；通天冠是级位最高的冠帽；武弁、皮弁的是普通老百姓的帽式。

唐朝戴冠冕的帝王、官员

戴武弁的唐俑

值得注意的是，盛唐时的女子非常流行戴幞头和着男装，下图为现代电视剧中的女子装扮。

电视剧中的女扮男装

宋代的帽式分为通天冠、进贤冠、长翅帽、幞头等，前四种为皇帝及百官所戴，后者为身份较低的人佩戴。长翅帽是宋代官员上朝戴的帽子，是宋朝开国皇帝赵匡胤发明，长翅用铁片、竹篾做骨架，长度为一尺左右，后来则越来越长。据说长翅帽是因为当时朝堂上的官员们在皇帝讲话时与身旁人窃窃私语，使得皇帝采取这种措施来避免。幞头在宋朝依旧流行，样式多样，唐代幞头由黑色纱罗制成，而宋代的幞头不局限于黑色，用各种鲜艳的颜色制成幞头，有些甚至还在幞头上插以金银制成的花朵。

长翅帽

明代在文化建设上力图恢复汉代的服饰制度，明代男子戴冠巾，如通天冠、翼善冠、梁冠、皮弁帽、貂蝉笼巾、网巾、四方平定巾、六合一统帽、汉巾、唐巾、东坡巾、九华巾、逍遥巾、纯阳巾、诸葛巾等。天子在祭祀时戴通天冠，常服戴翼善冠；明朝官吏不像之前的朝代分文物官，他们常戴梁冠，梁冠亦有等级之分，如一品七梁冠，二品六梁冠，以此类推。在民间，要数网巾、四方平定巾与六合一统帽最为流行。网巾是一种系束发髻的网罩，往往用黑色的丝绳、马尾、棕丝等编织而成，在外出时，若系上网巾，则必须戴上帽子，否则会被认为失礼。四方平定巾是用黑色纱罗制成，这种帽子较软，可进行折叠，展开时四角皆方，因而又叫做"四角方巾"、"方巾"，这种巾帽后来发展得越来越大，故民间用"头顶一个橱"来形容。六合一统帽又叫做"六合巾"、"小帽"等，材质用马尾、人发、罗缎做成，其帽分为六瓣，缝合一体，有天下和睦之寓意。这种帽子还延留到清代，称作瓜皮帽。

四方平定巾

黄金翼善冠

清代的帽子种类繁多，朝中之人，上上下下所戴之帽琳琅满目，如有用于祭祀庆典的朝冠；有常朝礼见的吉服冠；有燕居时的常服冠；有出行时的行冠；有下雨时的雨冠等。所有的帽子都分为冬夏两种。

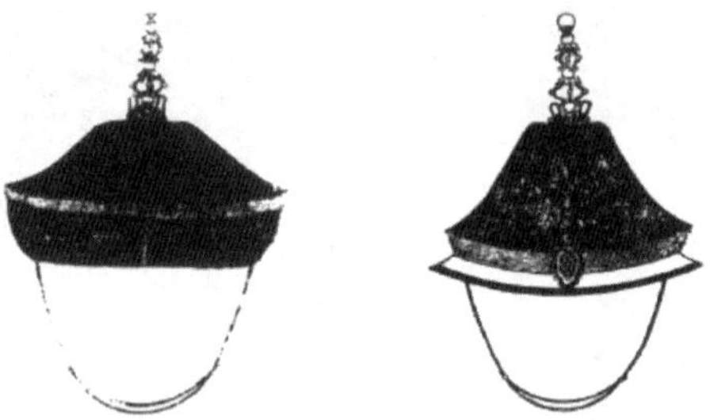

皇帝所戴的冬朝冠及夏朝冠

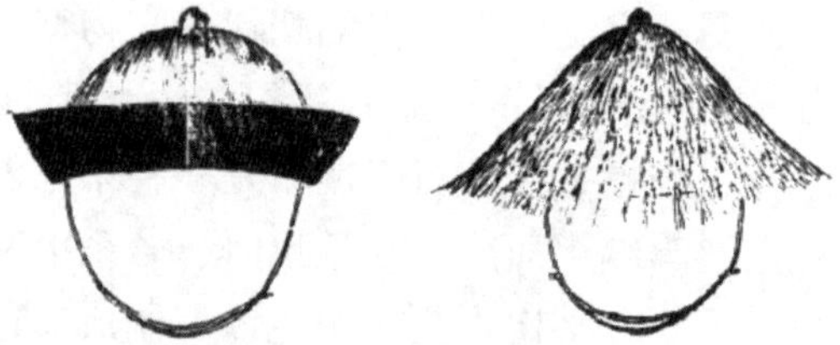

冬行冠与夏行冠

皇帝和臣子的朝冠形状大体相同，但其帽上宝顶的分层以及玉石的种类象征着不同地位的人，分层越高，所用玉石越贵重，则代表其身份地位越高。吉服冠的顶子制作较为简单，由底座和珠构成，同样，吉服冠上的分层级装饰亦象征着地位的高低，如一品用红宝石，二品用珊瑚，五品用水晶，七品用素金。清代冠帽上最大的特色之一便是帽子后的那一根花翎了，花翎也称作孔雀翎，分为花翎、蓝翎、染蓝翎，以花翎为贵。花翎装饰在帽子顶珠之下，花翎末处有一华丽圈饰，为眼，眼也分不同等级，眼多则贵重。清初，皇帝会将花翎赠予有功勋的官员，如福文襄公的四眼花翎，曾国藩、左宗棠的双眼花翎等。花翎在清朝流行，其价格也十分昂贵。

清代民间流行瓜皮帽、毡帽等，瓜皮帽乃是沿袭了明代的六合一统帽而来，又称作“小帽”、“便帽”、“秋帽”等，一般为圆顶，下有帽檐，有的瓜皮帽内衬帽胎，帽胎分为软硬两种，由马尾、藤竹丝编制而成。有些瓜皮帽在帽上还镶有珠玉。毡帽的样式多样，大多为圆形、半圆形，一般为平民所戴，北方等地的毡帽会在内里加以皮毛来御寒。

清朝的瓜皮帽

四、配饰

中国古代的配饰文化历史悠久，自原始社会至清朝，贵族们和平常百姓们的配饰可谓琳琅满目，在制作工艺上、所赋予的意义上、身份地位象征上体现得淋漓尽致。配饰和衣裳、鞋子、帽子一样，他们一方面有着现实的实用功能，另一方面还渗透着丰富的精神内涵。每一时期的配饰都有着每一时期的特点，他们反映了不同历史时期的审美特征，中国古代的配饰既标新立异，又上下传承，流淌着独属于中国韵味的配饰文化。关于配饰的起源，《后汉书·舆服志下》写道："后世圣人……见鸟兽有冠角顿胡之制，遂作冠冕缨蕤，以为首饰。"可见，首饰的起源，与美、装饰甚至与炫耀身份有关。中国古代的配饰装饰在人的各个身体部分，如头、颈、耳、手臂、手腕、手指、腰等，头上戴簪、笄、步摇、钗等；颈上戴项链、颈圈、念珠、璎珞等；手腕戴手镯；手指戴各种戒指、护指；耳垂戴耳环、耳坠；腰系腰带，腰带上可挂香囊、荷包等挂饰。中国古代配饰既可以按照实用功能分，又可以按照材质分，比如分为金属材质和非金属材质，中国古代制作首饰的材料十分广泛，有骨、石、陶、蚌、荆、竹、木、贝、皮革、翠羽、花卉、玉石、铜、琉璃、铁、金、银，象牙、牛角、玳瑁、玛瑙、琥珀、水晶、瓷珠、陶珠、砗磲、玛瑙、珍珠、丝线等；除此之外配饰还能按性别分，分为男性配饰与女性配饰。

（一）头饰

中国古代头饰有着相当长的一段发展时期，从历史整体来看，头饰可具体分为笄、簪、钗、步摇、钿、扁方、梳篦、华胜、掩鬓、挑心、分心、玉珩、莲花冠、凤冠、巾帼等，这里我们选取最主要、最具特色的头饰进行探讨。

笄，早在先秦时，我国就出现了笄，笄的作用，一是安发，二是固冠。男女皆用。从出土实物来看，这时期的笄主要有玉笄、骨笄，形式多样。

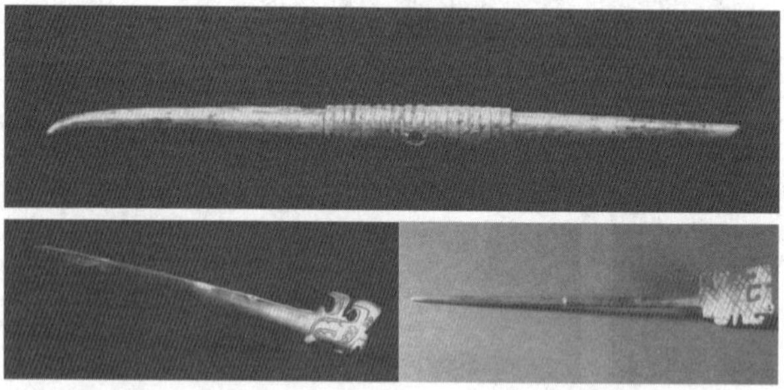

簪，簪又称为“搔头”，簪是笄的发展，其形式开始变得更加华丽。簪在秦汉开始流行，簪的地位在古代很高，皇帝一般会将簪作为赏品赠予大臣与后宫妃子，如果犯罪了，就要将赏赐的簪退回。男子的簪在清代失去了价值，女子的簪则在历代中占主流地位，簪与笄常做成一股，两股的称为钗。钗的出现较之笄和簪都要晚一些，钗为女子专用，在历史中，被工匠制成各类精美的形状，如花、鸟、树等，到了清代，人们在簪钗上更大胆地镶嵌翠鸟羽毛，能随光线变化色彩，十分灵动。贵族妇女的簪钗极其奢华，使用金、银、玉等材料制成，普通百姓则用素面或鎏花银簪甚至用荆钗，古代男子称自己妻子为“拙荆”，便从此处而来。

步摇，是簪、钗的进一步发展，在簪钗上装缀可以活动的花枝，并在花枝上垂以珠玉等坠饰，便成了步摇。作为古代女子，无不喜欢步摇这种发饰，即

使作为21世纪的女性，见到步摇这种灵动、精美的装饰物，依旧爱不释手。步摇多以金银丝编制成花枝，用于发际，当人走动的时候，下垂的珠玉随着步伐前后摇曳，故名“步摇”。步摇早在秦汉时便已出现，到了西汉时，步摇的制作已十分复杂。魏晋时期，南方的步摇富丽堂皇，缀以珍珠、翡翠、玛瑙，看起来栩栩如生，这一时期，步摇不仅是贵族妇女的装饰之一，民间女子亦能享用。

凤冠，是古代皇帝后妃的冠饰，凤冠上饰龙凤样式为主，凤冠的样式，体现了我国古代装饰工艺的高度发展，凤冠造型庄重，制作十分复杂，成品精美，其工艺有花丝、镶嵌、錾雕、点翠、穿系等项。凤冠上饰有各类珍贵宝石，且数量众多。明朝凤冠是皇后受册、朝会时戴用的礼冠，皇后所戴的冠上缀九龙四凤，随着地位的下降，命妇所戴的冠饰不允许缀龙凤，其上装饰珠翟、花钗。凤冠形制承宋之制而又加以发展和完善，因之更显雍容华贵之美。到了明清之时，一般女子盛饰所用的彩冠也叫凤冠，多用于婚礼之时。我国京剧女子的古代装扮，亦采用凤冠。

孝端皇后的凤冠

孝靖皇后的凤冠

京剧造型中的凤冠

(二)耳饰

中国古代的耳饰主要分为耳珰、耳坠、耳环、耳钉、玉玦等。

玦是迄今为止发现的最早的古代耳饰文物，一般都为环形并且有缺口，材质以玉石为主，主要流行于新石器时代。到了商周时期，玦的制作更为华丽，除了圆形的玦外，还有椭圆形和柱形的。从出土文物来看，玦的佩戴既可双耳也可单耳，并无男女之分。

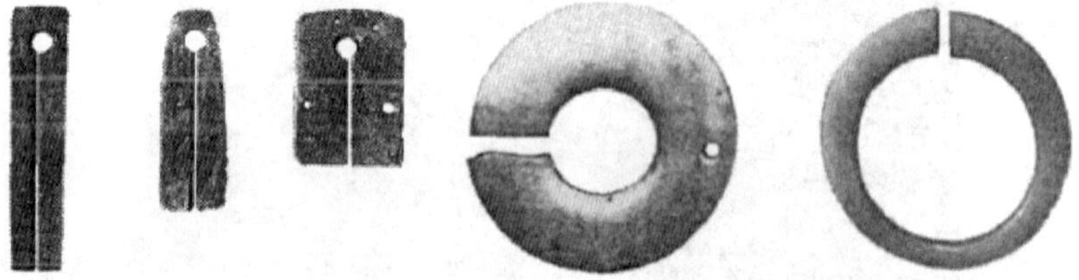

耳珰，是指插入耳洞之中的饰物，耳珰早在新石器时期便已出现。穿耳在我国早期并不是起美化装饰作用，而是出于警示的作用。早期蛮夷妇女行为不大检点，因而人们让这些女子穿耳以起到警戒作用，后来传到了中原，成为他们的习俗。在秦汉时，皇后等贵族妇女不打耳洞，只有土庶妇女才打耳洞，直到宋代，穿耳才开始真正流行起来。耳珰在明代也被作为耳坠，明《客座赘语》“耳饰……在女曰‘坠’，古之所谓耳珰也。”

耳环，简称“环”，耳环的出现较晚，这与汉以前不流行穿耳有着密切的关系。耳环最初是以金属为主体材料制成的环形耳饰。到了辽宋时代，耳环的制作繁简不一，简单的耳环仅以铜丝绕成圆环；复杂的耳环则会制成各种花样，做工繁复。到了明代，环脚在耳后伸出很长，具有约束行为，使人端庄之意。早期，耳环主要是少数民族的耳饰，除了女性戴之外，男性也会戴之，《南史夷貊上》：“林邑国……男女皆以横幅古贝绕腰以下……穿耳贯小环。”到了汉朝，男性便不再戴耳环。到了清代，没有旒苏的为耳环，满族称耳环为“钳”。清代有着一女戴三钳的说法，即一只耳朵上戴三个耳环。受到广大网民喜爱的清代宫廷戏《延禧攻略》，将这种满族习俗体现得十分地道。如果仔细观察，便能得知剧中的皇后、皇贵妃等妃子乃至选秀的秀女耳朵上都戴着三钳。这种钳也是有一定规定的，比如皇后戴一等东珠，皇贵妃二等东珠，其他妃子用三等东珠。

一耳戴三钳

耳坠，又称“坠子”，从耳环衍变过来的一种耳饰。耳坠的样式大多由两个部分构成，首先是圆形耳环，其次是挂在耳环上的坠饰。与步摇有所相似的是，人们在来回行走的时候，耳坠会随人的走动而摇曳，灵动巧便，颇显女子的婀娜之姿。耳坠在明晚期才开始数量增多，款式也较简洁，明代有“寿字耳坠”、“灯笼耳坠”等。耳坠在中国古代封建社会真正流行起来是在清朝，清朝将有旒苏的称为耳坠。耳坠最早可追溯到新石器时期，人们通常将玉石磨成坠，再打小孔，用绳子穿之，形式制作简单，虽不一定美观，可人们在金属工艺不成熟的情况下用以玉石来穿挂坠饰，可谓独具一格。

(三)手饰

手饰一般佩戴在手指、手腕、手臂上，中国古代手饰包括手串、臂钏、手镯、戒指、戒面、扳指、手链、指甲套等。

手镯，戴在手腕上，手镯在商周时期便已是常见的手饰了，男女均可佩戴，左右手也可自由佩戴。魏晋时期，手镯制作工艺逐渐成熟，贵族妇女常戴金手镯，其工艺精细，线条流畅，整体造型规整。到了隋唐，手镯样式的制作发生了一些变化，隋唐时的手镯一般为中间宽，两头窄，佩戴时还可根据手的大小进行调节，可见，这时手镯的构造已趋于合理。这一时期的手镯依然以金银为主要材质，还有些手镯会镶嵌宝石，显得异常华美珍贵。唐宋时有将护身符咒藏于手镯内，起到辟邪的作用，显然蕴含着以前的宗教思想。清代的手镯工艺精美，文饰华丽，材质不局限于金银玉石，还有其他多种材料制作，沿袭着前代手镯活口的处理，这时的手镯多为一端有开口或有活钮可开闭。

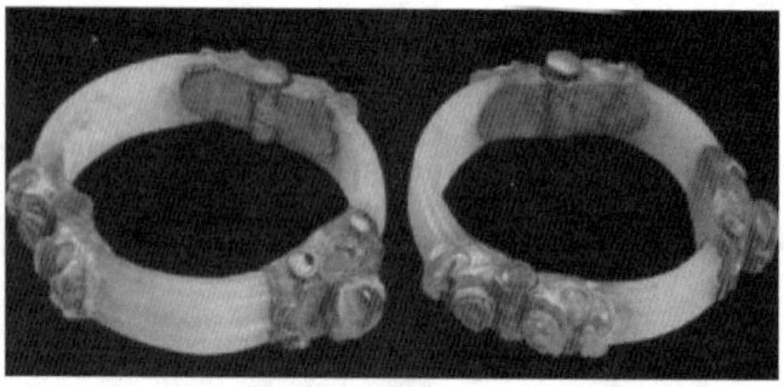

戒指，又名指环、手记、代指、约指等，戒指在中国古代的每一时期都有不同的含义。早在原始时期，便已存在戒指了，其依据是大汶口—龙山文化时期的墓葬中出土了骨戒指，有的戒指上还镶嵌有绿松石。戒指早期并无审美功能，在先秦至秦汉这一段时间，戒指是用来区分身份、辨别等级的，戒指还有“戒止”之意，即戒掉朝秦暮楚的心态，古代身已所属以及已有身孕的女子戴上戒指，具有某种拒绝他人追求以及禁止房事之意，故有“戒止”之意。由于戒指是外来文化，多与胡人的侵入有关，因而戒指往往具有某种神秘的异族色彩，这种不仅充斥着爱情和魅力的元素，还充满了某种神秘、诡异的元素始于汉，并在魏晋广泛流传。古代关于戒指绝大多数与男女交欢有着联系，或男赠女，或女赠男，且和婚姻无关，多为一夜缠绵。可见，戒指并不是良家女子所戴。到后来，戒指被用作婚礼的聘礼之一，直至清代，戒指才隆重登场。清代男女皆戴戒指，多用金银和各类珠宝玉石材质来进行制作，模样精美绝伦。此时的男子手上戴的戒指多为扳指，扳指由古代的韘演变而来，多戴于右手大拇指，亦有左右手皆戴的情况。

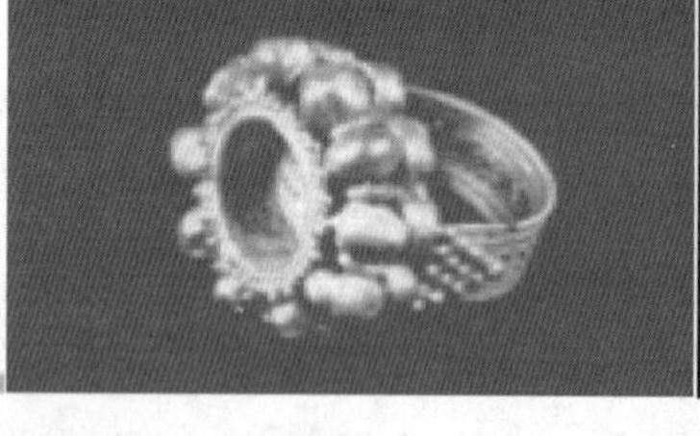

指甲套，又称作“护指”，专指清代贵族妇女手指上所戴的长尖状指甲套。清代贵族女子素来有留长指甲的习惯，因其地位高，不需劳动。清代皇宫里皇后和嫔妃们的指甲套可谓极其奢华。用金银制作，上镶珠玉宝石，纹饰极为精美华丽，一是身份的象征，二是美丽的象征。中国古代美甲人物数慈禧最具代表性，至今，我们仍能通过慈禧画像，来一观护指之华美。

(四)腰饰

腰饰，中国古代腰饰种类繁多，远远超过今日之数量，历代腰饰可分为带钩、带环、带板、香囊、腰牌、禁步、组佩、玉璜、玉璧、玉媛、玉环等。腰饰一般有玉制、皮革制、丝制、金属制几种。第一，玉制，“古之君子必佩玉”，玉是古代最主要的配饰，孔子将君子比喻成玉，温润谦智，有着“君子无故，玉不离身”之说法。古人将玉置于腰带上，行走时颇显儒雅。古代玉制腰饰有琼、瑶、瑾、环、玦等，琼是一种美玉，常与瑶相配。玦为环形并有缺

口的美玉，古人常以玦来表达断绝之意。第二，丝制，主要有香囊、香包、金龟等。香囊用丝绢等制成，里头放入各类香料，香囊男女皆可戴之，亦可送人。古代女子若喜欢一个男子，便会亲手制作香囊赠予男子，表达暗恋之意。金龟一指古代官员的一种绘有龟状的配饰，二指所佩杂玩之物，而后人们以金龟来比喻对人才的赏识。第三，金属制，金属制的配饰有刀、剑、腰牌等。刀和剑是古代男子随身佩戴的兵器及饰物。腰牌是古代官员的一种身份标识，从皇帝到侍卫，皆有属于自己的腰牌，腰牌能起到见牌如见人的效果。第四，皮革制，如韦，这是一种加工后柔软的皮，做装饰或起到激励或约束自己行为的效果。

(五)颈饰

颈饰包括项圈、项链、璎珞等，河南三门峡市虢国墓地出土了一串玛瑙珠项饰，其由一色的玛瑙珠穿成，十分华美，为贵族饰品。夏商周时期，男女皆可佩带，一般都为串饰。金银项链到了隋代，其制作工艺已十分成熟，出土的金银项链样式精美，叹为观止。唐代的项链多由项圈和璎珞组合而成，这种项饰还与头饰相结合，如步摇、簪，显得女子更加雍容富贵。到了宋代，人们沿袭唐代佩戴的各种金银珠宝项链，并且风气更盛。清代项饰有长命锁、领约。长命锁一般为男女孩佩戴，祈求“锁”住生命，以保平安，在当时十分常见。领约是贵族妇女所戴的一种项圈，它以镶嵌的珠宝质料和数目来区分各等级。皇后领约镂金，饰东珠，并串珊瑚，垂明黄绦，皇贵妃及其他妃子饰东珠，明黄绦末缀以珊瑚。

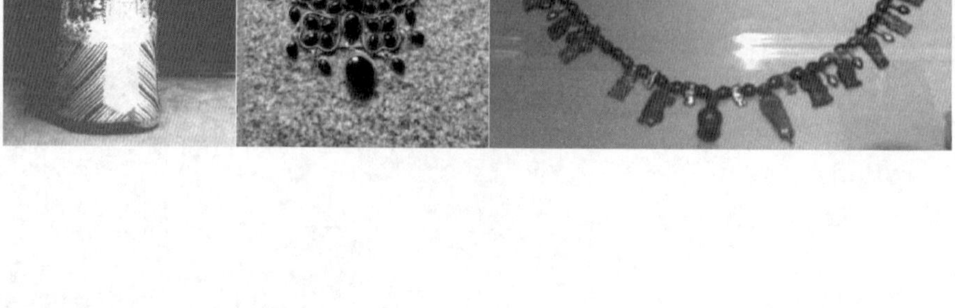

第三节　少数民族服饰

我国地域幅员辽阔，是一个多民族国家，汉族与少数民族，有着不同的宗教信仰、风土人情和生产方式，形成各自的民族特色，因而具有色彩斑斓的少数民族服饰色彩。少数民族服饰历史悠久，有着深厚的文化内涵，少数民族服饰的解析，是了解少数民族的历史、风俗、信仰、审美情趣、民族性格的重要通道。少数民族服饰对中国服饰的影响是不可估量的，并且它还具有美学价值和社会功效，引起国内外专家的广泛关注。对少数民族服饰的了解，是塑造民族形象和增强民族自信心的途径。

北方地区包括新疆、内蒙古、黑龙江、辽宁、吉林、内蒙古、青海等地，草原、沙漠、高山、平原为中国北方民族服饰的创造提供了广阔的天地。北方少数民族的生存环境与生活方式赋予了服饰独有特点，记载着北方祖先的生活印记，形成了与南方截然不同的服饰风格。

一、蒙古族

蒙古族素来有着“草原娇子”之称，他们驰骋草原与大漠，以驯养牲畜为生，为典型的游牧民族。这种独特的地理条件和生活方式赠予了蒙古族雄健豪放的民族气质。蒙古族的服饰有着浓郁的民族风格，其质地、样式、功能、穿着方式以及制作工艺皆显得独具一格。蒙古族的服饰主要包括首饰、长袍、腰饰和靴子四个部分，蒙古族重视服饰颜色的搭配，他们认为白色是最纯洁、最神圣的颜色，因而有着向客人献哈达的习俗，以表示欢迎、尊重。为了适应寒冷的气候，蒙古族喜穿长袍，长袍的款式颇多，如开叉的与不开叉的，马蹄袖的，宽下摆和窄下摆的，蒙古族人民冬天穿着皮袍和棉袍以预防寒冷，至夏天便穿着单袍。男袍一般比较宽大，尽显男子奔放豪迈的英雄本色。青年男子的长袍颜色多以旋青、黄褐色、宝石酯、浅棕色等，中老年则多用深绿、深棕、深紫、藏青等颜色。女式长袍多呈裙状，带褶，袍身相对于男袍更修身，凸显出女子身材的苗条和健美，女子长袍颜色多用红色、粉色、绿色以及天蓝色，另外，女子在长袍外还套有各式坎肩。蒙古袍在不同的地区也有不同的风格特征，如鄂尔多斯、科尔沁、阿拉善等地受满族影响较大，多为宽大、直筒到脚跟的长袍，两侧开衩，多绣有“盘肠”、“云益卷”等图案，蒙古袍必须系腰带，系腰带既美观，又能防御寒冷，还便于马上活动。男子的腰带较宽，系上后可插烟袋、蒙古刀、火镰等物，具有实用功能。蒙古靴多由布或皮制成，并绣有图案，各种靴子比较宽大，里面可衬皮、毡，既与蒙古袍相协调，又能防虫、御寒。女子系腰带时，往往要将长袍往下拉，以显示健美的身材。蒙古族的帽子也很有特色，多为皮制，内里用白毡，帽顶有缨子，有些蒙古族人不戴帽子，便用绸子来缠头。值得注意的是，蒙古族最盛大的节日为那达慕节，其中最具特色的为摔跤服，摔跤手们需身穿坎肩，这种坎肩用牛皮、鹿皮制成，坎肩上布满镶包，可在角斗时，方便对方抓住使力。摔跤服的裤子十分宽松，利于散热，面料多为布或绒布。

各具特色的袍服充分体现着蒙古族对生活的热爱，宽大厚实、色彩鲜艳的服饰是蒙古族适应生活需求的体现。

二、满族

满族是一个众所周知的少数民族，我国最后一个封建王朝便是满族贵族建立的。满族有着悠久的历史，满族的记录最早见于商周时代。东北地区的“白山黑水”是满族的故乡，满族有着自己的文字和语言，他们创作出了属于自己的灿烂文化。在古代，满族聚居在东北边疆山林地区，他们擅长狩猎，满族男子从小便开始练习射箭等技艺，因而有着高超的射箭技艺。在宗教信仰方面，大多数满族人笃信萨满教，对此我们并不陌生，人众皆知的电视剧《还珠格格》里便多次出现萨满(巫师)进宫驱邪的画面。满族的服饰华美艳丽，很具特色，对我国服饰产生深远影响，直至今日。

满族服饰以袍褂为主，男女皆着之。男子服饰保留了以往狩猎的特点，穿圆领、箭袖、长袍、四面开禊并带扣。箭袖是在窄袖口上加一个半圆形的袖头，其形似马蹄，因此又称“马蹄袖”。在满族入关以后，“马蹄袖”逐渐成为显示身份地位的标志，只有那些有身份的上层人物才能穿这种箭袖服饰，并且有意思的是，满族男子相互见面会左右手弹袖头向对方问候，如果经常看清代剧的读者一定对此有深刻的印象。四面开衩是为了方便骑射。除了这种长袍以外，男子还穿着马褂，有短、长之分。另外，还有一种男子特有的坎肩，亦称“一字襟”、“勇士坎肩”，这种坎肩分为前后身两片，装有排扣，穿脱十分方便，许多八旗子弟将此坎肩穿在长袍外面，以示其勇武。满族男子的头发也颇有特色，他们将头围一周的头发剃光，留下颅后发，并编织成辫子，落在背后。过去的满族男子腰间会挂许多配饰，如钱袋、烟袋、荷包玉佩等。

满族女性服装最具代表性的是旗袍，这种旗袍到了现代，成为尽显中国女性魅力的一种服饰。满族妇女传统旗袍直腰身，宽袖口，袍长直至脚面，整件旗袍可以由整块衣料剪成，这种旗袍穿在女性身上简练优美且大方。旗袍装饰讲究，领口、襟边以及袖口等都镶有花纹或彩牙，如著名的有“京城十八镶”，满族认为镶有 18 道花边的旗袍最美，蝴蝶也是满族旗袍上绣有的较多图案，显示满族人民热爱生活的特征。女士服饰除旗袍外，也穿着袍褂，这种褂是与袍齐长的长褂。满族妇女还喜爱在长袍外套穿上立领的短坎肩。冬天会着有毛，以预防寒冷。

满族妇女为了适应这种长至脚踝的长袍，还穿有“花盆鞋”，一般底高为 3 至 6 厘米，最高者为 13 至 16 厘米。其形似一花盆，俗称“花盆鞋”、“马蹄底”。这种鞋子既可以使长袍不着地，又能拉升女性的身材，看起来“亭亭玉立”。与旗袍相配合，满族女子还有一耳戴三钳的习俗，这种习俗一直延留至今。

三、朝鲜族

朝鲜族主要聚集于我国吉林省，在黑龙江省与辽宁省以及全国各地也有聚居地。朝鲜族有着自己的文字与语言，朝鲜族的先祖从朝鲜半岛迁徙而来，在我国东北地区建立了自己的家园。朝鲜族素来以能歌善舞著称，他们在节日中翩翩起舞，朝鲜族的服饰明显区别于东北其他民族服饰，他们的服饰有着淡雅飘逸的风格。朝鲜族素来喜爱穿着白色衣裙，给人带来一种素雅、纯洁的印象。朝鲜族男女服装主要有上衣、裙、坎肩、裤子等。男子主要穿着短上衣，外穿坎肩，又称“麻古子”，较短且无领，多为深色，下身穿宽大的长裤，即灯笼裤。在传统的朝鲜族家庭中，男子地位比女子更高，男子经常盘腿坐在炕上等待侍候，而这种长裤便于盘坐。男子外出时，身外套斜襟长袍，无纽扣，用长布带打结，在节日时，多带礼帽。朝鲜族女子多穿短衣长裙，朝鲜族将其称作“则高利”、“契玛”，其面料多用丝绸以及有垂感的其他软料。女子长裙亦用绸带打结在胸前，既美观又实用。朝鲜族的青年女性及中年女性多穿缠裙，内套白色的衬裙。朝鲜族童装色彩艳丽，儿童上衣的袖筒多用彩色绸缎，即七彩衣，象征着孩子如天边的彩虹般光明绚丽。朝鲜族的服饰颜色不局限于白色、素色，还有大红、淡红、淡绿、淡蓝、淡黄等，在朝鲜族的聚会上，这种服饰犹如花团锦簇，显得尤其美丽。朝鲜族的男性与女性都喜爱穿船形鞋，颜色以淡色为主，在早期，他们多穿木屐、草履，后穿草鞋，到了近现代，胶鞋、布鞋、皮鞋都已成为新的潮流。

四、维吾尔族

维吾尔族占新疆人口的五分之三，他们世代居住于我国西北部新疆，维吾尔族在共同缔造中华历史文化的漫长进程中，发明了自己的语言及文字，创造了具有本民族特色的服饰文化。维吾尔族的服饰特点为色彩对比强烈、式样宽松洒脱。其男子一般穿贯头衬衣，胸前绣有花纹，外穿宽袖对襟无领无扣的长袍，这种长袍穿起来宽松大方，款式分为棉、夹、单三种，在冬季维吾尔族男子穿棉的，在夏季穿单的，在春秋季则穿夹的。下穿蓝、灰、黑、白、棕等色的长裤，系有腰带，用细棉线编制而成，两头绣有花纹。维吾尔族男子多穿皮靴，并喜爱在靴子上插刀作为装饰品。维吾尔族女性一般穿着长及膝的各色衬衣，外穿宽袖连衣裙。过去她们常在连衣裙上套穿黑色金丝绒对襟坎肩，襟边会缀有金银片，并有花边装饰，到了冬天，维吾尔族女性则穿长袍。现在大多数妇女喜欢穿西式短上衣和裙子，着长统袜，儿童则多着短装。维吾尔族男女外出时必须戴小花帽，冬天戴皮帽，足穿靴子。维吾尔族女性多扎辫子，但她们会根据年龄而扎不同的辫子。南疆喀什、莎车的女子外出时还要戴上白布盖头。过去女性需蒙面纱，既是宗教信仰，又能挡风防尘。

维吾尔族的服饰用料十分考究，这与她们的纺织印染、刺绣技术历史悠久有着紧密的联系，一般采用纯羊毛、真丝、纯棉布料以及真皮革等制作衣服，在纺织品中具有特色的是“艾得丽丝绸”，这是富有浪漫色彩也是维吾尔族妇女最喜欢的衣料之一，它采用古老的扎染法进行染色。维吾尔族的帽子也颇有意思，不管男女老少，他们都会头顶小帽。小帽品种众多，往往会根据场合、性别、年龄、季节等制作，图案精美，制作讲究。

南方少数民族主要聚居在西藏、四川、贵州、云南、海南、湖南、湖北等地，南方水土肥沃，以种水稻为主，南方各少数民族在独特的地理环境下形成了细腻的服饰文化。

五、藏族

藏族，主要聚集在青藏高原的西藏、青海、甘肃以及四川、云南等地，他们居住的环境大多为地势高，气候寒冷、条件恶劣的高原上，为了适应环境，他们的服饰大多为长袍，并且十分宽大，袖子为长袖，又长又宽，手臂可伸展自如，完美适应环境的变化。久而久之，这种脱一袖便成为藏族服饰的特色之一。藏族服饰等级分明，早在吐鲁番王朝时期便出现了国王和王后以及大臣等等级，从那时起，服饰就开始划分等级，不同身份地位的人穿着不同的服饰，主要体现在面料和所佩戴的首饰上，如贵族佩戴各类金银珠玉宝石，身穿较紧身的长袍。藏族的服饰也因区域不同而有各自的特点，按区域可划分为卫藏，康巴、安多哇三种类型，卫藏分为牧区和农区，其服饰有着严格的等级之分，牧区的藏族男子平时多穿素皮面藏袍，节日时一般穿着提花皮面袍。女袍边饰皆为五至七条宽大的色带。而农区的男子都穿用毛织物制成的花领袍，女子则着通领长袖内衣，较短，外穿深色长袍，系彩色围裙。工布地区男女都喜爱穿宽肩无袖袍，古代的藏族皆穿绸缎制成的衣物，而平民则只能穿自制的氆氇。康巴地区大致包括四川甘孜、云南迪庆、西藏昌都及青海玉树等地，这些地区的藏族男子都内穿右襟短衣，外面罩上圆领宽袖长袍，衣袍的长度一般根据个人身高而定。不同身份的人长袍的长度也不一样，如武士、猎手等的衣袍下摆高于膝；学者、富豪等人的长袍则在膝盖以下。女子穿长袖衫，外穿坎肩，衣袍长至脚面。迪庆中年女子喜穿深蓝色的长袍，右坎肩，边饰艳丽，系以白色腰带，背披方形披肩。安多哇主要包括除玉树以外的青海藏区和甘肃的甘南及天祝以及四川阿坝等地，这些地区的藏族男子在服饰上多喜用金钱豹皮，传说古时打仗的时候，曾用虎豹皮来奖励那些在战场上表现勇猛的将士。最初只作为标志斜饰于肩，久之则成为服饰的一个部分保留下来。现在这种边饰多有变化。

藏族讲究各种类的饰物，可谓琳琅满目，包括帽子、项链、耳环、手镯、戒指、腰刀等。饰品的质地有金、银、玛瑙、玉、珍珠、松石、琥珀、翡翠等，藏族男子多戴头巾或男侧卷檐皮帽，即帽檐向侧前方延伸上翘；女子则裹头巾或将头发编成许多辫子，并缠绕彩带盘在头上，成一彩辫头箍。藏族人民的腰间会挂有各类银佩饰及挂奶钩，除腰部配饰以外，以颈、胸的佩饰最为精美，如佛珠、银链、银环、镶牌等。

六、苗族

苗族主要聚集于黔、川、滇、桂、粤等地，那里绿树成荫，气候温和，山水相映，大小田坝相依，苗族人民于是在那儿开辟了属于自己的空间，形成自己的民族文化。苗族支系众多，因而苗族服饰也呈现千姿百态。苗族服饰的用料、绣花及款式有别于其他民族，他们根据年龄、性别、场合、婚姻状况等在选择服饰时会有所变化。苗族女性服饰可基本归纳为五大类：长裙型、中短裙型、超短裙裤装型、裤装型、汉装型，颜色多彩，有红、蓝、黄、白、黑五种，有着“三苗好无色”的服饰传统。苗族男子装束一般比较简单，上装多为对襟无扣短衣或右衽长衫，肩上披着绣有图案的羊毛毡子，下装多穿青色长裤，包头。

不同地区的苗族服饰带有明显的地方性色彩。如湘西的男子项戴银圈，女子穿红色的窄袖短衣和百褶裙，衣服镶嵌着彩色花边。贵州东南部的男子多穿青色衣服，女子衣服与男子相同，并喜欢佩戴银花、耳环、颈圈等装饰物。

苗族衣料取自于天然，多用棉、麻、毛等材质制衣服，由当地作坊精细编织而成，深受苗族人喜爱。到了现代，衣料的品种日趋丰富，用蜡染、绣花等工艺制作衣服，苗族的刺绣可谓驰名海内外，令人叹为观止。苗族人在衣服上绣有花鸟鱼虫、山峦、溪水、云朵，还有些会绣制一些民间的传奇故事，十分有趣。散居于各地的苗族，他们服饰已同当地居民融合，而聚居在苗岭山区的苗族人民，其服饰仍然保持着传统习俗，尤其是在盛大的节日中，苗族人民依旧喜穿自己的苗族服饰。另外，苗族人民尤爱佩戴银饰。苗族银饰历史悠久，至今仍是我国非物质文化遗产的一笔珍贵财富。银饰可佩戴全身，如头部、颈部、耳部、手部等，苗族女子全身戴银。头上戴银角、银扇、银凤冠、银发簪等；颈部戴银项圈、银压领、银胸牌等，银锁下方还垂有整齐的银质珠穗，看起来十分灵动；手戴银手镯和银戒指等。

七、土家族

土家族主要分布我国湖南省湘西、湖北恩施、贵州省沿河、印江以及四川等地，是中国少数民族人口偏多的民族之一。土家族善于农业生产及纺织刺绣，尤其是后者，有着悠久的刺绣历史。早在秦汉时，土家族便已能将大麻织成一种精细的“布”，《华阳国志》里称这种布为“兰干细布”，唐代又称其为“溪峒布”。“溪峒布”的工艺在当时已十分精湛，《溪蛮丛笑》描绘它“绩五色线为之，文彩斑斓可观。俗用为被或衣裙，或作巾，故又称峒布”。到了宋代以后，土家族的纺织技术日趋发达，除了一般的土布外，用丝经棉维织造的色彩绚丽、工艺精巧的织锦——“西兰卡普”逐渐闻名天下。关于“西兰卡普”，有一段传奇故事，为其蒙上了一层传奇色彩。相传，西兰卡普是一位土家族姑娘，她的织锦手艺高超，绣出来的图案精美绝伦，善于观察生活中实物进而运用到刺绣当中，然而，西兰卡普的技艺被她的嫂子所嫉妒，对她进行污蔑，其父亲便将西兰卡普打死。后来，人们继承了她的织彩手艺，为了纪念她，便将土家族的织锦称为“西兰卡普”。西兰卡普多用黑色或蓝色纱线为底纱，再用五颜六色的丝线织成各种各样的图案，有云彩的云钩、山峦的三角形、鹿身的斑点、蝴蝶扑牡丹、锦鸡的彩羽等。这种彩锦颜色对比与反衬十分明显，体现了土家族豪放、大方的民族性格。土家族在“改土归流”之前，男女服饰基本相同。那时的男女普遍垂髻，头裹青或白色的刺花头帕，耳戴金、银大耳环，上穿圆领对襟大袖短衣，袖口和襟边镶边，男子胸前边还钉有两条飘带。下穿八幅罗裙，男子亦穿，但裙长不过膝，女裙宽大较长，外面还一般系百常围裙。在清代实行“改土归流”以后，土家族服饰开始发生巨大变化，男女的服饰也有很大差别，逐渐形成了现今土家族的服饰——男子多穿着蜈蚣扣的对襟短衣和较宽大的裤子，腰上缠带。女性的衣裙更为丰富，上衣分为左开襟和右开襟，多为圆领或矮领，袖口、襟边、胸襟多用色布和彩线镶边或钩刺花纹；裙子为长及脚面的筒裙和百褶裙，有的也穿大脚筒裤。

鞋子等也十分讲究，上面多绣有各种图案，有花草、蝴蝶、蜜蜂等，首饰亦多种多样，有头饰、耳饰、颈饰、脚饰等，一般头戴各式样的簪子和金银发花，耳朵戴银质的耳环，形状有龙、凤、瓜子等；另外土家族的姑娘还佩戴项圈、戒指、手圈、脚圈、银牌、银链、银珠等，看起来琳琅满目，银光闪闪。土家族平常的服饰简洁朴素，便于生产活动，但到节日盛典时，姑娘们皆会穿上好看的衣服以及佩戴珍贵的金银首饰，充分体现了土家族的民族服饰特点。

八、彝族

彝族人口众多，聚居于云南、四川、贵州和广西等地，其有着悠久的历史文化，并形成了自己的饮食和服饰文化。彝族服饰展现了彝族文化，其集多种装饰工艺于一身，美观大方，色泽简洁，深沉和谐，富有韵味。

总的来说，彝族支系繁多，其穿戴也因地而异，呈现出不同的风采。四川地区的彝族因生存环境的险恶及封闭，其服饰一直保持着古朴、独特的民族风格。男子多穿大襟右衽、窄袖上衣，下穿长裤。裤脚分大小，大的宽达 170 厘米，与裙子大小相近；小裤脚形似马裤，女子上身多穿右襟上衣，宽而短，下身多穿黑、蓝、黄、白等颜色的百褶裙。由于地方气候冷峻，这里的彝族男女均外披“披毯”和“擦尔瓦”，多用羊毛制成，颜色多以红、黄、绿、黑为主。云南、贵州、广西等地的彝族服饰集汉族服饰和当地服饰于一身，其服饰的色泽、颜色、款式皆呈现多元化的姿态。男子多穿对襟上衣，着长裤。女子服饰通常为大襟上衣，下着长裤，穿绣花鞋，佩戴银项链、耳环、手镯等，衣襟、袖口、围腰、裤脚均有绣花，彝族女子十分擅长挑花刺绣，她们从小便受到母亲的指导，学习挑花、绣花、补花等传统手艺，彝族姑娘的嫁衣是由自己制作而成，这也是长辈和丈夫衡量其才能的一项标准。事境变迁，如今的彝族服饰发生了变化，老年人通常用青、蓝色或白色布包头，穿青蓝色长衫，并系腰带，女子衣服的领口、袖口依旧绣有图案花纹，广西彝族男子多穿一身黑色与白色的布衣，下穿黑色齐膝的宽脚裤。女子上衣多为白色或浅蓝色圆领短衣，下装与男装相同。

彝族人崇尚黑色，并喜火，这在服装上有着最大的体现，他们以黑色的服饰为贵，为美，并在服装上绣火镰纹，显示着对火的敬仰，除此以外，彝族人还绣有日月纹、蕨基芽叶纹等，充分表现了彝族人民对崇尚传统文化的心态。

彝族人的头饰文化亦历史悠久，尤其是女性的帽饰更是多样，主要有“鸡冠帽”、“荷叶帽”等，前者形状似公鸡，用银饰装饰而成，彝族女性在出嫁前需佩戴鸡冠帽；后者则形似荷叶，婚后佩戴。彝族男子有蓄发的习俗，将头顶一块方形头发留长，等成年后就将头上的发盘成发髻，值得注意的是，这一处的头发不可触碰，称作“天菩萨”。彝族男女喜戴首饰，有耳饰、项饰、手饰、腰饰等，男子耳饰戴单耳，女子戴双耳；彝族女子喜爱戴金、银、铜、木质的手镯，胸前佩戴口弦、针筒以及各类辟邪的物品，男子胸前首饰较复杂，有象牙、野猪牙、鹰爪、虎爪等，既能显示彝族男子勇猛无畏的形象，又有驱邪庇佑的效果。

九、壮族

壮族人口众多，是我国少数民族人口最多的民族之一，主要居住在广西、贵州、云南、湖南、广东等省区。壮族创造了璀璨文化的同时，也形成了具有民族特色的风俗习惯。

壮族服饰颜色多以黑色、蓝色、棕色为主。古代壮族曾流行纹身的习俗，并十分崇拜图腾文化，他们将自然万物纹在自己身上，如太阳、星辰、月亮等天象图腾；鳄、蛙、牛等动物图腾；榕树、木棉等植物图腾；古代壮族人将这些纹在自己的额头、胸脯、手腕上，表达对世界万物的尊敬。随着时代的变化，刻在身上的图腾逐渐衍变为服饰上的图案，纹身的颜色多为青黑色，与如今壮族的服饰色彩相一致，承载了多年的图腾文化。

壮族服饰已有许多方面与汉族服饰相融合，但仍有许多地方保持着壮族服饰的特点。其主要表现在：壮族男子服饰多穿对襟短衣，缝制一排六至八对布纽扣，胸前缝小兜，腹部位置缝两个大兜。下穿宽大的裤子，并裹绣花头巾。平日穿草鞋，喜庆节日时穿宽口布鞋。不过，不同地方的壮族男子服饰总是有着一些区别，比如桂南壮族男子喜穿圆领的琵琶襟上衣，脚着一双钩头鸭嘴鞋，而桂西北龙胜的男子旧时穿铜扣大襟衣，民国以后又改穿右衽小襟衣，头包巾，脚着云头布底鞋。壮族妇女多穿深色对襟或偏襟短袄，下着黑色或青色的宽脚裤子，有的地区穿黑色百褶裙。其服饰的衣领、袖口、襟边、裤管上皆绣有彩色花边和布条，并绣有图案。腰间系有美丽的围裙，头戴绣花头巾。在节日或赶墟歌场穿绣花鞋，在劳动时或穿草鞋或光足。女子服饰亦因地区而异，如桂北地区的妇女，上穿深蓝色或带花短衫，外套长及腰间的白色对襟无领上衣，胸前只有两组布纽扣，露出带花的内衣。外衣一般不绣花、不镶边，较为朴素。桂南壮族妇女多穿短衣长裙，上衣为右大襟，短小窄瘦，仅长一尺多，多为黑色或深蓝色。长裙为黑色百褶裙，用土布制成。

壮族女子喜戴手镯、戒指、项圈等饰物。

十、侗族

侗族主要聚居在湖南、贵州、广西等地，他们在长期的生产实践中创造了自己的侗族文化，侗族人有自己的语言，但未形成文字。侗族的音乐、舞蹈、侗戏十分发达，也有着颇具特色的侗族服饰。

侗族服饰多用侗布、细布、绸缎来制作衣裳，不同布料用来制作不同场合的衣服，如侗布，一种自纺自织的布料，用作日常生活穿着；细布、绸缎用来制作盛装及饰品。侗族服饰的基调为青色、紫色、蓝色、白色等，并用红色、绿色做点缀，呈现和谐之美，不同的季节与场合穿着不同颜色的服饰。

侗族服饰在历史的发展中，逐渐呈现不同的类别，一是以贵州的黎平榕江、从江和湖南的通道、绥宁、靖县，广西三江、龙胜、融水等为代表的南方地区，二是以贵州天柱、锦屏、镇远、三穗、玉屏、万山，湖南新晃、藏江、会同等为代表的北部地区。南方地区的侗族服饰较多地保持了古朴的样式，男子多穿对襟上衣，另还有左衽和右衽上衣两种，下穿长裤，裹绑腿。女子多穿开襟紧身衣，裤子裹绑腿。在盛大节日时，妇女多穿鸡毛裙，这种鸡毛裙下缀羽毛，像孔雀开屏一样美丽动人。据说这种鸡毛裙是侗族先民模仿孔雀开屏的样子制作的。北部地区的侗族与其他民族尤其是汉族多有交流，并逐渐融合，男子服饰与汉族基本相同，女子服饰明显区别于南方地区，上着右衽无领的衣服，缝有扣子，两肩处镶边，着中长裤，脚穿翘尖绣花鞋。

侗族信仰“万物有灵”，因而喜将万物绣在自己的服装上，如山川河流、花鸟鱼虫、日月星辰等，以祈求平安顺利。

侗族妇女喜爱装饰，如银簪、银帽、项圈、手镯、银花等，尤其在盛大节日之时，她们将自己打扮得银光闪闪，配以颜色深沉的衣裳，显得美而不俗。

十一、黎族

黎族主要分布在海南省保亭、陵水黎族自治县等地。海南所处亚热带和热爱，因而四季较暖，没有寒冬，服饰上也就没有明显的季节性。不同的黎族支系在服饰上有着不同的特点。分布于海南省保亭、陵水黎族自治县等地的黎族，女子穿蓝布圆领上衣，衣边用其他颜色的布镶嵌，下着筒裙，筒裙绣有美丽的花纹图案，她们喜戴项圈，胸挂珠铃，腰系银链，佩戴耳环、手镯等。男子服装与汉族基本相同。居住在白沙黎族自治县的黎族，妇女多穿黑色黑领贯头衣，衣服的饰物很多，衣边衣领织有艳丽的图案，如贝壳纹、动植物纹等；下穿紧身筒裙，花色鲜艳，小腿裹绑腿。男子穿长裤。居住在东方和昌江黎族自治县的美孚黎，妇女身着黑、蓝色平领上衣，袖口、衣背皆绣有花纹，下着色彩艳丽的花筒裙，头插银钗，颈戴银链、银项圈，胸挂珠铃，手戴银圈等。男子穿黑蓝色对襟无领无扣上衣，下着长裤。黎族妇女一般将头发往后束成髻，插银簪或者花骨簪，头戴头巾，佩戴手镯、耳环、项链等银饰品；有些地区的黎族男子亦戴耳环。

黎族妇女擅长纺织，在古代战国时期，手艺便开始精进，宋代，黎族的纺织技术比中原地区更胜一筹，拥有许多纺织工具，如弹棉机、轧花机、脚踏纺车、经线驾等，织出来的花纹栩栩如生，质地细腻，用来做朝中贡品。

黎族服饰基调以黑色、红色为主，配以黄、白色点缀，显得庄重堂皇。另外，黎族服饰重点体现了黎族人的审美趣味和审美意识，黎族服饰中最常见的花纹图案是人纹和人族纹，它们往往是整个图案的核心，周围配以花草纹，有些还绣有神台、兽足印等，反映了黎族人民对祖先的崇敬和部落繁荣昌盛的美好心愿。黎族还御用各种直线、菱形、三角形等几何装饰，将花、草、鱼、人、龙、鹿、蛇、蛙、藤果等动植物抽象地再现在服饰上，表现了其对生活的美好向往。

十二、傣族

傣族是云南省的一个古老民族，距今已有两千余年的历史。傣族主要分布在云南的南部和西部，气候湿热多雨。傣族的服饰充分体现了这些地区的地理特点。

傣族男子多穿对襟或大襟无领短袖上衣，下着肥筒长裤，也有少数人穿深色筒裙，系腰带，头裹白、青、浅蓝、淡黄色的布，冬天多披线毯。女子服饰因地域不同而有明显差异。西双版纳地区的妇女上穿白色、绯色或淡绿色紧身窄袖(或长或短)短衣，细腰身，下摆较宽，呈荷叶状；下着各种花样的长及脚面的筒裙，系银质腰带，脑后束髻，插以鲜花、梳子；潞西、盈山等地的黎族妇女上穿白色、浅色对襟齐腰短衣，下着黑色长裤，围青色绣花围腰；已婚妇女一般下着黑色及膝筒裙。新平、元江一带的妇女一般上穿紧身及腹的贴身短衣，衣服下摆处钉一排晶莹闪光的银泡，外罩一件仅可遮胸的无领无扣短衣，襟边及下摆镶有彩色花边，下着宽大的青土布裙，裙边嵌上彩色布条，左高右低，呈鞋状。

傣族各地饰物大同小异，有银质饰品也有玉石、玛瑙、玻璃等饰品，他们将银制成耳坠、项链、腰带、手镯、凤冠等，傣族人还将竹篾编织成竹笠，朴素又实用。另外，傣族十分尊崇大象，他们将大象的图案绣在衣服、包、窗帘、手巾等物品上，渴望其带来美好与幸福。傣族的织锦技术也相当高超，美丽的傣锦独显其与众不同的民族风格。

我国少数民族之多，其服饰文化之璀璨，特选出以上最具代表性的民族服饰做精简介绍，了解少数民族的服饰文化，为中华文化自信更添一份薄力。

第二章　食

第一节　食制食俗

中华民族是一个承载着上下 5000 年文明历史的伟大民族，拥有着源远流长的文化。近年来，对于“文化”、“风俗”、“民俗”等的研究热度持续上升，人们开始追溯这些富有中国特色的民风民俗的起源。事实上，风俗常起源于民间。因此，通常人们认为风俗是民间社会生活中传承文化事象的总称。① 人们对于文化的研究可以说是包罗万象，大到政治艺术，小到衣食住行，今天我们在这里谈到“食俗”，主要是针对中国民间社会长时间形成的对于筛选食材、制作饮食、品尝美食、饮食态度等的一种风俗习惯，故在此基础上有了“食俗”一说。

一、烹饪器具

无论岁月的年轮如何转动，时间的双手总是在不知不觉中推动着我们前进，生活中的一点一滴，都深深烙印在我们的心中，饮食对于人类来说已经成为一种习惯，更确切地说是一种习俗。我们所驻足的每一个角落，都会看到袅袅炊烟升起，听得见锅碗瓢盆碰撞。人们会根据自己喜好、需求等因素，对饮食器具进行形状、大小、颜色、材质各方面的加工设计。随着时间的推移，一些器具甚至会被赋予特定的文化意义，因此仅仅是从饮食器具的横向方面考究，其呈现的器具种类也可以称得上琳琅满目。同时饮食器具不仅仅会受到人类饮食习惯和偏好的影响，时代和地区的差异也会影响着饮食器具的设计。

(一) 古代饮食器具

1. 夏商周时期

---

① 赵荣光. 中华饮食文化[M]. 中华书局，2012：110-112.

这个时期因为有了铜器的出现，给当时的居民生活带来了巨大的变化，人们生产使用的工具由“石器”过渡到了“青铜器”，人类的生产力也得到大大提高，这势必会带来农业和畜牧业的快速发展，在一定程度上扩充了人类的膳食品种。从商周时期开始，青铜铸造的工艺日渐成熟，越来越多的青铜制饮食器具取代了之前的陶制饮食器具。在贵族阶层，青铜器已经成为一种高贵身份的象征，成为礼仪、葬俗、祭祀等社会活动的必备品，因此也形成了严格的礼仪制度。常用的饮食器具主要有：

鼎：一般是三足两耳圆腹，也有无足鼎和四足方鼎，鼎壁较厚，不适宜用来做烹饪，而适于用作调味盛食，也会作贵族宴请和祭祀之用。

鼎

鬲(lì)：有陶制鬲和青铜鬲，多数为侈口，有三个中空的足，特别适合卤煮加沸。

鬲

簋(guǐ)：古代较为常用的盛放五谷的器具，大多为圆口双耳，最早出现于商代，一直沿用至战国时期。

簋

甗(yǎn)：主要是在先秦时期用的一种蒸食器具，可以一分为二，下半部分呈锅状，是用来煮水的，上半部分类似于现如今我们用的笼屉，底下有很多小孔，可以用来放置食物，也可以用来通蒸汽。①

甗

2. 春秋战国时期

这是一个战争纷乱的年代，但是因为“铁器”的出现，社会生产力再一

① 王仁湘．珍馐玉馔-古代饮食文化[M]．江苏古籍出版社，2002：48-49.

次得到解放，对于饮食器具也产生了影响，虽然在材质方面仍然以厚重沉稳为主，但是在种类上却有所增加。在这里需要指出的是中下阶层的饮食器具仍然以陶瓷为主，贵族阶级仍然以青铜为主，但是各个诸侯国都有自己的特色。

敦：在祭祀和宴会上用作盛放五谷，出现在春秋时期，后来逐渐演变出现了盖子，多为三足；

敦

豆：类似于高脚盘，最初是用来盛各种粮食作物，后来渐渐发展成为用来放置肉酱与肉羹。

豆

3. 秦汉时期

经过了春秋战国时期战火的洗礼，到了秦汉已经是天下统一的时期，夏商周的礼乐制度分崩离析，曾经一度作为礼制载体的饮食器具，脱去了充满祭祀鬼神的神秘外衣,① 人们更多是将其当做日常的生活用品。因此在这个时期，饮食器具的类型更加丰富，在设计上更为轻巧方便。其中，鼎已经纯粹成为一种饮食器具，鬲已经不复存在，而作为盛食器的豆、簋更是完全绝迹，由于人们更加追求饮食器具的生活之用，因此青铜饮食器具渐趋消失，陶瓷器、漆木器大量涌现出来。

4. 魏晋南北朝

由于南北民族的融合和中西贸易通道的开发，各个民族的文化得到交流，反应在饮食器具方面，就呈现出多样化的特点，民族特色和地方特色浓厚，丰富了中国古代的饮食文化。

5. 隋唐五代

隋唐时期社会安定，百姓安居乐业，我国又是一个农业大国，因此农业和手工业得到快速发展，陶瓷、金属制品已经达到了较高的水平。瓷器在这个时期非常盛行，从产生之初起就被用于饮食方面，陶瓷也不再局限于中下层阶级，上自王亲贵族，下至平民百姓，所使用的餐具多为瓷器。以唐代为例，唐朝的饮食器具在设计上体现出一种包容之美，玻璃金属器皿盛行，华丽而又精巧，不负大唐盛世美名。根据考古学家对饮食器具的研究，唐代主要以金银器物为主，黄金白银自古以来就是富贵权势的象征，但是在唐以前，由于材料本身的稀缺以及技术的问题，使得这些器具较少与帝王的饮食生活相伴。同时唐朝对于外来物品并不排斥，更多的是采取包容接纳的态度，因此才会出现“葡萄美酒夜光杯”的景象美景。

黄金碗

① 王仁湘．珍馐玉馔——古代饮食文化[M]．江苏古籍出版社，2002：114-115.

6. 宋辽夏金元时期

这个时期的人们继承了唐代对外包容接纳的传统，因此在饮食器具上以陶瓷、金属为大宗。其器具特点除在继承本民族的传统文化的基础上，又融合了西方的文化因素。这一点在元代的陶瓷工艺上体现尤多，元陶瓷在宋代陶瓷工艺的基础上进一步发展出了磁州窑、霍窑、德化窑等主要窑厂，负责生产传统的陶瓷器。

7. 明清时期

明清两代的瓷类饮食器具在前朝的基础上又取得了较大的发展，器具更加精致美观，品种丰富，可以说是达到古代瓷艺水平的高峰。

到了明清时期，饮食器具的使用已经接近于现代的饮食器具格局。在分类基础上更加细致，比如茶具和酒具已经单独分立出来。其中最大的特色在于材质方面，饮食器具已经不再以单一的材质制作而成，人们开始将雍容华贵的金属器具、晶莹雅致的玉器、绚丽多彩的瓷器融合在一起，形成了饮食器具界“美器争艳”的繁华景象。

明清茶具

(二)现代饮食器具

到了近现代，人们深刻认识到闭关锁国的严重弊端，格外强调改革开放，对外采取更为开放、自由的包容态度，这也使得现代饮食器具的面貌呈现出超越以往的中西结合的特点。又由于现代工业技术和科学技术的迅速发展，极大地解放了生产力，饮食器具不论是在品种、材质还是数量上都空前增加，精美实用的玻璃、铁质、陶瓷器具受到现代人的追捧，同时一些瓷器也用于装饰。

现代饮食器具

婺州窑——子非鱼尊

(三)南北方饮食器具的差异

中国素来就以秦岭—淮河为地理分界线划分南北，习惯上称秦岭以南为我国南方，秦岭以北为我国北方。淮河位于中国的东部，秦岭则是位于中国中部的一条东西走向的山脉，二者都地处长江黄河之间。

我国的南北方，因为地理环境、气候、地势、粮食作物以及政治经济文化的差异，导致了在饮食器具方面有所差异。

种类与数量：北方农作物种类比较少，基本上是保证人们一日三餐的日常需求，因此饮食起居在功能上也比较单一；南方气候适宜，水分充足，因此农作物种类较多，其饮食器具的种类、数量相比于北方更为丰富，同时还根据食物的类型设计了不同尺寸的饮食器具。

材质：北方的饮食器具，材质一般都是以玻璃、陶瓷、金属为主要制作材料。因此北方的饮食器材，看上去都较为厚重沉稳；南方的饮食器具，材质较为丰富，玻璃、陶瓷、竹制、木制等都被使用过，追求体态上的轻盈，造型上的多样，使用上的简便。比如"碧筒饮"就是一种典型的南方饮食器具，主要是以新鲜采摘的荷叶当盛酒的器具，这样就融合荷叶独特的造型与清新的气息，又满足了饮酒者的需求，有一箭三雕之妙。

颜色：北方饮食器具颜色相对来说比较单一，以黑白色彩和较艳丽色彩为主；南方饮食器具在色彩搭配上，多以朴素淡雅见长，这与北方的饮食起居色彩有所不同，并没有追求色彩上的姹紫嫣红，以景德镇的青花瓷为例，它主要采用了蓝白两个色系，给人一种清新素雅之感。

二、饮食结构

饮食结构是指日常生活中一日三餐的主食、菜肴和饮料的配置方式。饮食结构，是一个复杂的问题。不同的地区，不同的民族，其饮食结构往往有很大的不同，这与一个地区的经济发展、生产方式有关。从这一点来说，饮食结构是带有地区和民族特色的。

（一）主食

在我国的饮食结构中，主食主要有米饭和面食两大类。这种饮食习俗的形成主要由地域和气候环境决定。我国南方主要农作物是稻米，所以一般是以米饭作为主食的。米饭的原料又有大米和糯米，做法有多种，可以将其制作成糕饼、汤圆、米粉、糍粑等。北方种植小麦的地区，人们则是以面食为主食的，人们喜欢将麦子磨成的面粉做成馒头、面条、烙饼、饺子等各具特色的食物。另外，在我国少部分种植玉米、青稞、高粱、土豆、红薯等杂粮的地区，人们主要是以此为主食的，像西藏藏族的糌粑。总之，不同的饮食结构取决于当地的自然条件。

（二）菜肴

菜肴，是饮食结构的重要组成部分。菜是蔬菜的总称，肴是煮熟的鱼肉，菜肴即指饮食结构中的素食与肉食。素食与肉食的关系，朱熹在《论语集注》中说："食以谷为主，故不以肉胜食气。"素食制约着肉食，肉食只是为了搭配。这种以粮和菜等素食为主，肉食比例极小的饮食结构，在我国广大农业地区一直延续到现在，仍未根本改变。

在日常生活中，用来配置菜肴的原料有蔬菜、鱼肉、禽蛋、调味品四类。这四类原料不同的搭配和烹制产生了我国各地风格各异的烹调技术，形成了不同的菜系，每种菜系都有独具特色的招牌菜肴。

（三）饮料

饮料，常常作为饮食结构的补充，在生活中不可或缺。饮料有酒、茶、奶等，其中又以酒和茶为主。

饮酒是一种习俗，在聚会或节假日中都不免需要饮酒，但是饮酒过多不但会导致食欲不振，还会对我们的肾功能和胃功能造成影响，适量饮酒不但对自己身体有益，还有利于家庭和睦和他人安全。

茶一般可分为六大类，即绿茶、红茶、白茶、花茶、乌龙茶和黑茶，其中又各包括若干小类。饮茶习俗具有一定的地域性，如江浙人喜欢喝绿茶，闽粤人喜欢喝乌龙茶，京津人和东北人喜欢喝花茶。随着消费观念和生活方式的转变，茶饮料成为中国消费者最喜欢的饮料品类之一。

牛奶不但营养成分齐全且容易被人吸收，儿童饮奶有利于身体的正常发育，中年人饮奶可以保证有充足的精力工作，老年人饮奶可以有效地避免骨质疏松等疾病。

总之，饮食结构和类型的形成受到客观生活水平的制约。主食、菜肴和饮料的配制，也因地、因民而不尽相同，这样就形成了我国丰富多彩的饮食习俗。

三、饮食礼仪

任何一个民族都有自己的饮食礼俗，发展的程度也各不相同。中国人的饮食礼仪是比较发达完备的，且具有上下一贯的特点。据文献记载，至迟在周代时，饮食礼仪已经形成一套相当完善的制度。这些食礼在之后的社会实践中不断得到完善，在古代社会发挥过重要作用，对现代社会依然产生着影响，成为文明时代的重要行为规范。

（一）宴请礼仪

中国有句俗语“摆席容易，请客难”。“请客”之义本为宴请客人，后引申为宴客之前的宴请过程，更后又有泛指为他人偿付费用之义。这句俗语的意思是第二种，中国古代请客有很复杂的礼仪，有十分独特而深刻的文化内涵。主人在置办郑重宴会数天之前，便以极谦恭热诚的口吻向拟邀请人敬达请柬。这种请柬一般是数天前呈上第一柬，宴会当天递上第二柬，约开宴前两个小时再送上第三柬。俗话说：送头柬“三日请客，两日拉客，当日抓客”，即在宴会三天前以柬相请的客是贵客，宴会两天前邀请的是不甚重要的客，当天临时接到通知的则是“陪客”。而这种起到陪衬帮垫作用的客人，吃了主人家的酒，也不怀谢意，因为谁也不愿意充任仰人鼻息讨吃喝的角色。此外，客人的地位越尊贵，请柬上的姓名则写得越大。被邀客人在收到请柬之后要回帖，以表明自己很荣幸被邀并会准时赴宴。如果不能或不愿出席，也应以感激之情陈述理由婉言拒绝，方不为失礼。

（二）筵席座次

中餐宴会一般用圆桌，每张餐桌上的具体座次有主次尊卑之分。宴会的主人应坐在主桌上，面对正门就座。同一张桌上位次的尊卑，根据距离主人的远近而定，以近为上，以远为下。同一张桌上距离主人相同的座次，排列顺序讲究以右为尊，以左为卑。在举行多桌宴会时，各桌之上均应有一位主桌主人的代表，作为各桌的主人，其位置一般应以主桌主人同向就座，有时也可以面向主桌主人就座。每张餐桌上安排就餐人数一般应限制在 10 个人之内，并且为双数，人数过多，过于拥挤，也会照顾不过来。

在每张餐桌座次的具体安排上，还可以分为两种情况。当每张餐桌只有一个主位时，主宾在主人左右就座，形成一个谈话中心。当每张桌上有两个主位时，如主人夫妇就座于同一桌，以男主人为第一主人，女主人为第二主人，主宾和主宾夫人分别坐在男女主人右侧，桌子上形成了两个谈话中心。

（三）餐桌礼仪

餐桌礼仪在中国人的完整生活秩序中，占有一个非常重要的地位。用餐不单是满足基本生理需要的手段，也是头等重要的社交经验。为此，掌握某些中式餐饮规则的知识便显得特别重要，无论是主人还是客人，都必须掌握这些规则。

先请客人入座上席，再请长者在客人旁依次入座，入座时要从椅子左边进人，入座后不要动筷子，更不要弄出什么响声来，也不要起身走动，如果有什么事要向主人打招呼。进餐时，先请客人、长者动筷子，夹菜时每次少一些，离自己远的菜就少吃一些。吃饭时不要出声音，喝汤时也不要出声响，喝汤用汤匙一小口一小口地喝。不宜把碗端到嘴边喝，汤太热时凉了以后再喝，不要一边吹一边喝。有的人吃饭喜欢用力咀嚼食物，特别是使劲咀嚼脆食物，发出很清脆的声音来，这种做法是不合礼仪要求的。特别是和众人一起进餐时，就要尽量防止出现这种现象。

进餐时不要打嗝，也不要出现其他声音，如果出现打喷嚏、肠鸣等不由自主的声响时，就要说一声“真不好意思”“对不起”“请原谅”之类的话，以示歉意。

如果要给客人或长辈夹菜，最好用公筷，也可以把距离客人或长辈较远的菜肴送到他们面前。按我们中华民族的习惯，菜是一个一个往上端的，如果同桌有领导、老人、客人的话，每当上来一个新菜时就请他们先动筷子，或者轮流请他们先动筷子，以表示对他们的重视。

吃到鱼头、鱼刺、骨头等物时，不要往外面吐，也不要往地上扔。要慢慢用手拿到自己的碟子里，放在紧靠自己的餐盘边或放在事先准备好的纸上。要适时抽空和左右的人聊几句风趣的话，以调节气氛。不要光低着头吃饭，不管别人，也不要狼吞虎咽地大吃一顿，更不要贪杯。

要明确此次进餐的主要任务是以谈生意为主，还是以联络感情为主，或是以吃饭为主。如果是前者，在安排座位时就要注意，把主要谈判人的座位相互靠近，便于交谈或疏通情感。如果是后两者，只需要注意一下常识性的礼节就行了，把重点放在品赏菜肴上。最后离席时，必须向主人表示感谢，或者邀请主人以后到自己家做客，以示回敬。

除了汤之外，席上一切食物都要用筷子。筷子是进餐的工具，因此千万不可玩弄筷子——把它们当鼓槌是非常失礼的做法，更不可以用筷子向人指指点点或打手势示意。当然，绝对不可吸吮筷子或把筷子插在米饭中，这是大忌，因为这样被认为是不吉利的。再有，不可用筷子在一碟菜里不停翻动，应该先用眼睛看准想取的食物。去取一块食物时，尽量避免碰到其他食物。可能的话，用旁边的公筷和汤匙。吃完饭或取完食物后，将筷子放回原位。

设宴原因有喜有悲，中国人向来“以食为先”，饮食除了满足人的基本需求，亦是秉承传统习俗。我国不同地区、不同民族在不同场合均有一些食礼食仪，有一些属于尊老爱幼、礼貌谦恭、热情和睦、讲究卫生等的内容，是中华民族的优良传统，也符合现代文明的要求，对此，我们应继承和发扬。当然，也有一些不够合理、不够健康、不够文明的成分，如一些地区有对客人强行劝酒和饮酒必醉的习俗、共用饮食器具的习惯、暴饮暴食的习惯等，则都属于应当改革的陈规陋习。

第二节　节日祭祀食俗

年节是有固定或不完全固定的活动时间，有特定的主题或活动方式，约定俗成并世代传承的社会活动日。我国年节的种类众多，从节日的内容看，可分为祭祀节日、纪念节日、庆贺节日、社交游乐节日等。而“食俗”则指的是饮食风俗，一般包括日常食俗、宗教礼祭食俗等内容。下面，将主要谈谈中国传统祭祀节日的食俗活动。

由于中国传统农耕社会的孤立闭塞性，在科技不发达的古代，人们对大自然极易产生敬畏，同时由于宗教信仰的桎梏，统治者装神造神的愚弄，古人更是虔信万物有灵，加之中国人有崇祖好祀的传统，因此民间常把美好的愿望寄托在年节的祭祀和铺张上面，以乞上苍的保佑与神灵的庇护。每逢年节，人们特意烹制专门的美味佳肴，以示对祖先神灵的虔诚祭祀，同时对现存长者毕恭毕敬，以示敬诚。

一、南方祭祀食俗

(一)春节

春节是我国最盛大、最热闹的一个古老传统节日，俗称“过年”。此节乃一岁之首，古人又称元日、元旦、元正、新春、新正等，而今人称春节是在采用公历纪元后。春节习俗一方面是庆贺过去的一年，一方面又祈祝新年快乐、五谷丰登、人畜兴旺，多与农事有关。迎龙舞龙为取悦龙神保佑，风调雨顺；舞狮源于震慑糟蹋庄稼、残害人畜之怪兽的传说。随着社会的发展，接神、敬天等活动已逐渐淘汰，燃鞭炮、贴春联、挂年画、耍龙灯、舞狮子、拜年贺喜等习俗至今仍广为流行。一年之始，万象更新，主要活动是在除夕夜吃年夜饭、祭祀和守岁等。另外正月初一、二、三日是大年头三天，也要祭祀供奉。这三天，一般除了做饭不做任何工作，忌讳说不吉利的话，要拜访至亲和尊贵的亲戚。春节从初一到十五，各地还举行各种庙会、乡戏等活动，是传统节日中最为热闹和奢侈的节日。

春节食俗，集中展示了饮食文化和传统的古老文明，由于地域、民族、信仰、生活习惯、情趣爱好等的不同，新年食俗呈现出异彩缤纷的景象。主要概括下来春节的饮食主要有两个特征，一是菜品丰盛：春节的饭是一年四季中最为丰盛的一餐，主要以鸡鸭鱼肉等荤菜为主，同时这些饮食大多带有“祝福吉祥”之意，比如吃鱼有“年年有余”之意，年糕有“步步高升”之意；二是尊老爱幼，在除夕夜的餐桌上座位的次序极为讲究，遵循长辈居上、孙辈居中、父辈居下的原则，一般都是在下午16：00-18：00为晚饭时间，需要关门闭户，全家老小一起享用。南方春节的传统饮食主要有以糯米制成的年糕、粽子以及面粉制作的饺子。但是在苏杭地区又有所区别。例如，蛋饺是苏杭地区必不可少的主食，因为蛋饺色泽金黄，看上去像一个金元宝，寓意“金银元宝”，同时还会炒上几个菜，其中有一个叫做肉丝炒笋丝，寓意“事事顺心”，另外再配上一条鱼，但是一般只吃掉中间的一部分，寓意“有头有尾”。

(二)清明节

清明节是我国传统节日，也是最重要的祭祀节日，是祭祖和扫墓的日子，始于周代，距今已有2500多年的历史。在古代，清明节与寒食节是分开的，寒食节又叫“冷节”“禁烟节”，在清明节前一天，因为两个节日的日期接近，民间渐渐将这两者的主要饮食融合，隋唐时期，就合二为一了。清明是24节气之一。在仲春与暮春之交，现代清明节一般在公历4月4日至4月6日之间，5日居多。因为它是定在24节气中，春分后第15天，所以不是以农历来决定。

南方人最熟悉的清明美食就是清明果了。江南的“麦浆草”，清明而生，过则难觅，也正是因为如此，用麦浆草做成的青团子，在江南一带的民间清明食俗中格外重要。每到清明，江南百姓必到田间揪一把“麦浆草”，回家捣烂压汁，与晾干的水磨纯糯米粉拌匀和好，包上馅儿，民间诀窍还要放入一小块猪油，团好入笼蒸熟，出笼时再刷一层薄薄的熟菜油在表面。此外，艾草也是一种常见的清明食材。将糯米蒸熟之后拌入艾叶一起舂成米膏，在中间包些花生或芝麻馅，团成一个个绿绿的小糍粑放进锅里蒸熟，这就成了艾草糍粑。

(三)端午节

每年的农历五月初五是端午节，是中国的四大传统节日之一，在饮食方面主要是以吃粽子为主，过端午节吃粽子的习俗，在魏晋时代已经很盛行。这种食品是在每年端午和夏至两个节日里食用的。粽子还是一种节日往来的礼品。到了唐宋时期，粽子已极为有名，市场上常有粽子卖。现在，我们仍然在延续这一习俗。粽子在制作方面有不少花样，南方粽子的形状丰富，有三角形、火炬形、锥形、方形，玲珑精致的外表，吊足了人们的胃口。馅料上，有豆沙、鲜肉、火腿、蛋黄等多种，其中以浙江嘉兴肉粽为代表。就口味而言，粽子馅荤素兼具，有甜有咸，南方的粽子甜少咸多。粽叶的材料则因地而异，南方因为盛产竹子，就地取材以竹叶来缚粽。一般人都喜欢采用新鲜竹叶，因为干竹叶绑出来的粽子，煮熟以后没有新鲜竹叶的清香。

(四)中元节

中元节，俗称七月半，也称施孤、鬼节、斋孤或地官节，为每年农历七月十四或七月十五日，与上元节、下元节合称“三元”。民间有祭祖、祀亡魂、放河灯、焚纸锭的习俗。

先秦时，七月半是民间初秋庆贺丰收、酬谢大地的节日，有若干农作物成熟，民间按例要祀祖，用新米等祭供，向祖先报告秋成。汉后道教认为七月半是地官诞辰，祈求地官赦罪之日，阴曹地府将放出全部鬼魂，已故祖先可回家团圆，因此又将七月半秋尝祭祖之日称为“中元节”、“鬼节”。

七月十四、十五，恰逢夏秋交替，此时恰恰是天地阴阳交替的节点，阳气盛极而衰，阴气显现。在这一天地宫打开地狱之门，放出鬼魂，所以民间普遍进行祭祀鬼魂的活动，成为中国民间最大的祭祀节日之一。尽管在传统上中元节是每年的农历七月十五日，不过在广西等南方地区，人们通常在农历七月十四举办各种祭祀活动，最为隆重。

中元节前几天，在南宁市各大小菜市、超市，甚至路边等地方，鸭子成为市民的“抢手货”。南宁人说：“过中元节，无鸭不成宴。”因此，中元节这天，不管是家庭聚会、宴请宾客还是祭祀祖先，鸭子是必不可少的。对于中元节要吃鸭子的典故，南宁市民诙谐地说，鸭子游泳本领高，在阴间能帮助祖先驮财物过河。而在农村，也有“中元节杀鸭子是为了庆祝水稻获得丰收”的说法。

在广西来宾、百色等地，每年的中元节，人们在祭祀之余，还把它作为宴请宾客、合家团圆的好日子。为了让宾客吃得开心，不少人家会提前一个星期开始磨面、做饼、蒸馍，做芝麻糖等。如今很多人在外工作，亲人见面的机会越来越少，人们倍加珍惜与家人相处的机会，加上对“鬼节”的迷信观念也有所改变，把鬼节这样的传统节日当做全家“团圆日”也是很正常的现象。

(五)重阳节

重阳节取九九重阳之意，《易经》将“九”定为阳数，两九相重，故农历九月初九为“重阳”。大概在魏晋时期，重阳日已有了饮酒、赏菊的做法。到了唐代重阳被正式定为民间的节日。1989 年，我国把重阳节定为老人节，传统与现代巧妙结合，成为尊老、敬老、爱老、助老的老年人节日。

1. 饮菊酒

菊花，是我国名花，也是长寿之花。屈原曾经用笔写下“夕餐秋菊之落英”之句，说明人们早已经有了食菊花的传统。其实菊花酒早在汉代就产生了，魏时曹五曾在重阳赠菊给钟蹈，祝他长寿。到了明清时期，菊花酒依然十分盛行。菊花具有益气健身之效，因此一直受到人们的喜爱，菊花酒更被认为是重阳节送福消灾的“吉祥酒”

2. 吃糍粑

吃糍粑，是我国西南地区重阳佳节的又一食俗。糍粑分为软甜、硬咸两种。其做法是将洗净的糯米下到开水锅里，一沸即捞，上笼蒸熟，再放臼里捣烂，揉搓成团即可。食用时，把芝麻炒熟，捣成细末，把糍粑团搓成条，揪成小块，拌上芝麻细末、白糖等。其味香甜适口，称为“软糍粑”(温食最佳)。硬糍粑又称“油糍粑”，做法是糯米蒸熟后不捣烂，放在案上搓成团，擀开后放些食盐和花椒粉做成“馅芯”，再卷条切片，再入油锅中炸制，成色金黄美观，咸麻香脆，回味无穷。

二、北方祭祀食俗

(一)春节

春节是中华民族最传统也是最隆重的节日，亲朋好友在这个特殊的节日里欢聚一堂，其乐融融，最有特色的当属除夕夜这一顿丰盛的年夜饭，可见食物在春节习俗中扮演着相当重要的角色。

北方地区春节喜吃饺子，其寓意团圆，表示吉利和辞旧迎新。为了增加节日的气氛和乐趣，历代人们在饺子上下了许多功夫，人们在饺子里包上钱，谁吃到钱来年会发大财；在饺子里包上蜜糖，谁吃到就意味着来年生活甜蜜等。吃年夜饭，是春节家家户户最热闹、最愉快的时候。大年夜丰盛的年菜摆满一桌，全家团聚，围坐桌旁，共吃团圆饭，心头的幸福感真是难以言喻。人们既是享受满桌的佳肴盛馔，也是享受那份快乐的气氛。桌上有大菜、冷拼、热炒、点心，一般少不了两样东西，一是火锅，一是鱼。火锅煮沸，热气腾腾，温馨撩人，说明红红火火；“鱼”和“余”谐音，是象征“吉庆有余”，也喻示“年年有余”。还有萝卜俗称菜头，祝愿有好彩头，煎炸食物预祝家运兴旺如“烈火烹油”。最后多为一道甜食，祝福往后的日子甜甜蜜蜜，这天即使不会喝酒的人，也要多少喝一点。

在北方，有的人家还要供一盆饭，年前烧好，要供过年，叫做“隔夜饭”，是“年年有剩饭，一年到头吃不完，今年还吃昔年粮”的意思。这盆隔夜饭一般用大米和小米混合起来煮，北方俗话叫“二米子饭”，因为又黄又白，意为“有金有银、金银满盆”的“金银饭”。不少地方在守岁时所备的糕点瓜果，都是想讨个吉利的口彩：吃枣(春来早)，吃柿饼(事事如意)，吃杏仁(幸福人)，吃长生果(长生不老)，吃年糕(一年比一年高)。除夕之夜，一家老小边吃边乐，谈笑畅叙。

(二)清明节

北方清明节的主要食俗：

1. 子推馍

“子推馍”，又称老馍馍，是山西省清明节的美食。类似古代武将的头盔，重250~500克。里面包鸡蛋或红枣，上面有顶子。顶子四周贴面花。面花是面塑的小馍，形状有燕、虫、蛇、兔或文房四宝。圆形的“子推馍”是专给男人们享用的。已婚妇女吃条形的“梭子馍”，未婚姑娘则吃“抓髻馍”。孩子们有燕、蛇、兔、虎等面花。“大老虎”专给男孩子吃，也最受他们喜欢。

诱人的子推馍

2. 面花

做面花是陕北妇女的拿手好戏。她们能将发了酵的白面捏成各种形状的面花。工具只是梳子、剪子、锥子、镊子等日用品，辅料则是红豆、黑豆、花椒和食用色素。蒸出来的面花栩栩如生，犹如艺术珍品，令人爱不释手，舍不得马上吃掉。

“子推馍”和面花除了自己食用，还用来馈赠亲友。母亲要给当年出嫁的女儿送，称为送寒食。农村孩子给自己老师送，让离开家门独自在偏僻的山乡小村教书育人的园丁，共享节日的美食。

3. 薄饼合菜

北方人称为“合菜”，其正名叫“春饼”。以面粉或米粉烘成薄皮，俗称“润饼”或“擦饼”，食时铺开薄皮，再卷上葱酱、摊黄菜(即鸡蛋)以及粉丝、胡萝卜丝、韭菜、肉丝、芫菁等作馅，制食简单，吃起来甜润可口。

4. 馓子

作为一种油炸食品，香脆精美，品种形态因地域不同而不同。北方馓子大方洒脱，以麦面为料。

5. 烙盒子

地域不同称谓不同，河北人、山东人、东北人称为“盒子”，河南人叫“菜馍”。

(三)端午节

端午原是月初午日的仪式，因“五”与“午”同音，农历五月初五遂成端午节。端午节是古老的传统节日，始于中国的春秋战国时期，至今已有2000多年历史。一般认为，该节与纪念屈原有关。屈原忠而被黜，投水自尽，于是人们以吃粽子、赛龙舟来悼念他。有的地方如青海还有系索(用五色丝线拧成细绳，缚在手脚腕上)、插杨柳、戴香包等习俗，用来驱虫和祈求吉祥平安。

关于端午节，北方的食俗主要有：

1. 粽子

先就造型而言，各地的粽子有三角形、四角锥形、枕头形、小宝塔形、圆棒形等。粽叶的材料则因地而异，北方人习惯用苇叶来绑粽子。苇叶叶片细长而窄，所以要用两三片重叠起来使用。粽子的大小也差异甚巨，北方的粽子是小巧玲珑，长不及两寸的甜粽。

就口味而言，粽子馅荤素兼备，有甜有咸。北方的粽子以甜味为主。北京的粽子大致可分为三种：一种是用纯糯米制成的白粽子，蒸熟以后蘸糖吃。一种是小枣粽，馅心以小枣、果脯为主。还有一种是豆沙粽。华北地区另有一种以黄黍代糯米的粽子，馅料用的是红枣。蒸熟后，只见黄澄澄的粘黍中嵌着红艳艳的枣，有人美其名为“黄金裹玛瑙”。

2. 采茶、制凉茶

北方一些地区，喜于端午采嫩树叶、野菜叶蒸晾，制成茶叶，这对健康也有好处。

3. 吃臊子面

陕西人在端午节当天是一定要吃臊子面的。臊子面是陕西的风味小吃，品种多达数十种，其中以岐山臊子面享誉最盛。臊子面的特点是面条细长，厚薄均匀，臊子鲜香，面汤油光红润。岐山臊子面乡土风味尤为浓厚，它具有薄、筋、光、汪、酸、辣、香等特色，柔韧滑爽。

(四)中元节

北方中元节主要食俗：

1. 粗茶淡饭

在山东的独陵县，中元节被当地人称为“掐嘴节”，家家户户要吃粗茶淡饭，寓意来年幸福美满，家人多福多寿！

2. 蒸花馍

山西人在中元节这天要吃花馍，花馍的图案也是有讲究的，送给小辈的花馍要捏成平形，取意羊羔吃奶双膝下跪，希望小辈不要忘记父母的养育之恩；送给老辈的花馍要捏成人形，意喻儿孙满堂，福寿双全；送给平辈的花馍，要捏成鱼形，意喻年年有余。

3. 蒸面羊

蒸面羊

河北人在中元节这天是要吃蒸面羊的，民俗的说法是，母亲为出嫁的闺女用白面塑一双羊，蒸熟以后在“羊头”上挂上红布条。娘家要组成一支小型送羊队伍到新姑爷家，由新姑爷动手切开面羊，并将切下的第一块用红绳拴挂在客厅中，这块“面羊肉”等到来年的七月十五送来新面羊时才能取下来。这其中的讲究是“陈羊见新羊，年年有余粮。”

(五)重阳节

重阳时节，秋高气爽，风清月洁，故有登高望远、赏菊赋诗、喝菊花酒、插茱萸等习俗。重阳节的食物大多是以敬献老人为主，如吃花糕、螃蟹，有些地方还吃羊肉和狗肉。祝福老人，辟邪躲灾，祈求健康是重阳节的主题，食俗也围绕这些主题成为一种较为独特的文化体系。下面笔者将主要介绍北方人民在重阳节时的主要食俗。

1. 吃重阳糕

据史料记载，重阳糕又称花糕、菊糕、五色糕，制无定法，较为随意。北方的重阳糕，以发面花果蒸糕最为著名(又名发糕)。发面蒸糕是将面粉发酵后扣入小碗中，每小碗底放上各种花果，如红枣、果仁、蜜饯、红丝、绿丝等，上蒸笼蒸熟后将面糕倒出，各种花果正好均在顶糕上面，呈馒头状，且松甜软糯。

在我国有些地方至今还留有这样的风俗，到了重阳时节，已出嫁的女儿要回娘家送重阳糕，一般是两个大的，九个小的，取其“二九”相逢之意。北方农村流传“中秋刚过了，又为重阳忙，巧巧花花糕，职位女娘娘”的民谣，正反映了重阳节的民俗风情。

2. 饮菊酒

重阳节正值一年金秋时节，菊花盛开，据传赏菊与饮菊花酒起源于晋朝大诗人陶渊明，他以隐居出名，以诗出名，以酒出名，也以爱菊出名，后人效仿，便有了重阳节赏菊饮菊花酒之俗。

3. 吃柿子

这也是重阳节的一大食俗。《奇园奇所奇》曾记载，明太祖朱元璋微服出城私访，正值重阳节，他已经一天未进食，感到饥饿口渴，行至剩柴村时，只见家家墙倒树凋，均为兵火所烧，朱元璋暗自悲叹，举目环视，唯有东北隅有一柿子树，柿子正熟，遂采摘食之，食了约十枚，又惆怅而去。乙未夏，太祖攻采石取太平时，道经于此，柿树犹存，便将以前微服私访食柿的事告于侍臣，并下旨封柿为凌霜候，令天下人在重阳节均食柿子，以示纪念。

第三节 特色风味食俗

中国幅员辽阔，不同地域的自然条件、物产情况、生活习惯、经济发展状况和文化积淀不同，会形成不同的口味偏好和饮食习俗，进而形成风格迥异的各大菜系和特色鲜明的地方风味。

一、八大菜系

我国的菜系，是指在一定区域内，由于气候、地理、历史、物产及饮食风俗的不同，经过漫长历史演变而形成的一整套自成体系的烹饪技艺和风味，并被全国各地所承认的地方菜肴。这些多姿多彩、风味独特的地方菜荟萃了我国烹调技术的精华，构成了色、香、味、形、质俱佳的中国烹调技艺的核心。南北两大风味自春秋战国时期开始出现，到唐宋时期已全部完成(发展成熟)。到了清代初期，鲁菜(包括京津等北方地区的风味菜)、苏菜(包括江、浙、皖地区的风味菜)、粤菜(包括闽、台、潮、琼地区的风味菜)、川菜(包括湘、鄂、黔、滇地区的风味菜)，已成为我国最有影响力的地方菜，后称“四大菜系”。后来，随着饮食业的进一步发展，一些地方菜，愈显特色，自成派系。到了清末时期又加入浙、闽、湘、徽地方菜，就成为“八大菜系”，以后再增京、沪，便有“十大菜系”之说。尽管菜系繁衍发展，但人们还是习惯用“八大菜系”来代表我国多达万种的各地风味菜。

一个菜系的形成与其悠久的历史及独到的烹饪特色是分不开的，同时也受该地区自然地理、气候条件、资源特产、饮食习惯等的影响。有人把“八大菜系”用拟人化的手法描绘为：苏、浙菜好比清秀素丽的江南美女；鲁、皖菜犹如古拙朴实的北方健汉；粤、闽菜宛如风流典雅的公子；川、湘菜就像内涵丰富充实、才艺满身的名士。中国“八大菜系”的烹调技艺各具风韵，其菜肴之特色也是各具千秋。

（一）鲁菜

八大菜系之首当推鲁菜，其形成和发展与山东地区的文化历史、地理环境、经济条件和习俗风尚有关。一般认为鲁菜内部分为两大派系，分别由济南和胶东两地的地方菜演化而成。也有的认为分为三大派系，为以上两种再加上孔府菜。

鲁菜调味纯正，口味以鲜咸为主，具有鲜、嫩、香、脆的特色。擅长使用葱、姜、蒜，不管爆、炒、熘、烩，还是凉拌，都少不了用葱姜蒜来提味。尤其是葱，因山东盛产大葱，很多菜肴都离不开葱，如葱烧海参、葱烧猪蹄，都以拥有浓郁的葱香为佳。

九转大肠

此外，鲁菜烹制海鲜有独到之处，能运用多种刀工和不同技法，将一种海味烹制成数十道美味佳肴。以小海鲜烹制的油爆双花、红烧海螺、炸蛎黄等，都是独具特色的海鲜珍品。

鲁菜制汤也非常讲究，擅长“清汤”、“奶汤”的调制，并运用到多种菜品中，如清汤柳叶燕窝、清汤全家福等，都是高档宴席中的珍馐美味。

(二)川菜

川菜整个菜系以成都、重庆两地的菜肴为代表，还包括乐山、自贡等地的地方菜。它也是一个历史悠久的菜系，其发源地是古代的巴国和蜀国，形成大致在秦始皇统一中国到三国鼎立之时。当时，无论烹饪原料的取材，还是调味品的使用，以及刀工、火候的要求和专业烹饪水平，川菜已初具规模，有了菜系的雏形。

川菜风味独特、口味多样，在中国菜中享有很高的声誉。菜肴常用的原料除鸡、鸭等肉类、蔬菜外，山珍亦颇多，但是水产品较少。川菜的最大特点是十分注意调味，调味品既复杂多样，又富有特色。一般多用辣椒、花椒、香醋、豆瓣酱等。这些复杂多样的调味品经过厨师的巧妙调和，可以形成千变万化的口味，如酸辣、麻辣、椒麻、怪味等，口味种类之多，使川菜享有“一菜一格、百菜百味”的美誉。

麻婆豆腐

(三)粤菜

粤菜即广东菜，也是我国八大菜系之一，由广州、潮州、东江三地的特色菜点发展而成，是起步较晚的菜系。但它影响较大，不仅香港、澳门，而且世界各地各国的中餐馆也是以粤菜为主的。

粤菜的形成和发展与广东的地理环境、经济条件和风俗习惯密切相关。广东地处亚热带，濒临南海，雨量充沛，四季常青，物产丰富，故其饮食一向得天独厚。

粤菜注意吸取各菜系之长，形成了多种烹饪形式，具有自己独特的风味。其原料广博，追求生猛，素以“天上飞的、地上跑的、水里游的”无一不吃而著称。广州菜清而不淡、鲜而不俗、选料精当、品种多样，还兼容了许多西菜做法，讲究菜的气势、档次。潮州古属闽地，故潮州菜汇闽、粤风味，以烹制海洋菜和甜食见长，口味清醇，其中汤菜最具特色。东江菜又称客家菜，客家为南徙的中原汉人，聚居于东江山区，其菜乡土气息浓郁，以炒、炸、焗、焖见长。

粤菜总体上的特点是选料广泛，新奇且尚新鲜，菜肴口味尚清淡，味道丰富，讲究清而不淡，嫩而不生，油而不腻，有“五滋”(香、松、软、肥、浓)、“六味”(酸、甜、苦、辣、咸、鲜)之别。且粤菜时令性强，夏秋讲清淡，冬春讲浓郁，有不少菜点具有独特风味。

广式烤乳猪

(四)闽菜

闽菜是以福州、闽南、闽西三地区的地方风味菜为主形成的菜系。福州菜清鲜、爽淡，偏于甜酸，尤其讲究调汤；另一特色是善于用红糖做配料，具有防变质、去腥、增香、生味、调色作用。闽南菜以厦门为代表，同样具有清鲜、爽淡的特色，讲究佐料，长于使用辣椒酱、沙菜酱、芥末酱等调料。且闽西位于粤、闽、赣三省交界处，以客家菜为主体，多以山区特有的奇味异品做原料，具有浓厚的山乡色彩。

闽菜尤以烹制海鲜见长，刀工精妙，入趣于味，汤菜居多，具有鲜、香、烂、淡并稍带酸甜辣的独特风味。其烹饪技艺多采用细致入微的片、切、剞等刀法，使不同质地的原料达到入味透彻的效果。故闽菜的刀工有“剞花如荔、切丝如发、片薄如纸”的美誉。福建的小吃、点心也有一功，它们多取材于沿海浅滩的各式海产品，并配以特色调味而成，堪称美味。

闽菜的食用器皿也别具一格，多采用小巧玲珑、古朴大方的盖碗，体现其雅致、轻便、秀丽的品质和特点。

佛跳墙

(五)苏菜

苏菜系即江苏地方风味菜，由扬州、南京、苏州三地的地方菜发展而成。其中扬州菜亦称淮扬菜，是指扬州、镇江、淮安一代的菜肴；南京菜又称京苏菜，是指南京一带的菜肴；苏州菜是指苏州与无锡一带的菜肴。

扬州菜选料严谨、讲究鲜活、主料突出、刀工精细，口味咸淡适中、南北皆宜。南京菜特别讲究七滋七味，即酸、甜、苦、辣、咸、香、臭，鲜、烂、酥、嫩、脆、浓、肥。苏州菜擅长炖、焖、煨、焐，注重保持原汁原味，花色精细，时令时鲜，甜咸适中，酥烂可口，清新腴美。

苏菜总的特点是选料严谨、制作精细、注意配色、讲究造型、菜肴四季有别。烹调方法擅长炖、焖、蒸、烧、炒，又重视调汤，保持原汁、风味清鲜、肥而不腻、浅而不薄。酥烂脱骨而不失其形，滑嫩爽脆而不失其味。

苏菜宴席亦颇有特色，较为知名的有“三宴”，即“船宴”，见于太湖、瘦西湖、秦淮河；“斋席”，见于镇江金山斋堂、焦山斋堂、苏州灵岩斋堂、扬州大明寺斋堂等；“全席”，如全鱼席、全鸭席、鳝鱼席、全蟹席等。

叫化鸡

(六)浙菜

浙菜系以杭州、宁波、绍兴三种地方风味菜为代表，成名较早。浙菜大多小巧玲珑，外形清爽优雅。菜品在制作时注重刀工，讲究配色和装盘的艺术，使菜肴色调清秀雅致，造型美观精巧。如锦绣鱼丝，9 厘米长的鱼丝整齐划一，缀以红绿柿椒，色彩艳丽和谐。

杭州菜重视原料的鲜、活、嫩，以鱼、虾、时令蔬菜为主，讲究刀工、口味清鲜、突出本味。宁波菜咸鲜合一，以烹制海鲜见长，讲究海鲜软滑，重原味，强调入味。绍兴菜擅长烹制河鲜家禽，菜品强调入口香、绵、酥、糯，汤味浓重，富有乡村风味。

浙菜的历史也相当悠久。因北方人南下开饭店，用北方的烹调方法将南方丰富的原料做得美味可口，所以“南料北烹”成为浙菜系的一大特色。

浙菜喜用风景名胜或传说典故来命名，如：西湖醋鱼、东坡肉、宋嫂鱼羹等，使其具有浓郁的江南风情和鲜明的文化色彩。

东坡肉

（七）湘菜

湘菜即湖南菜，其包括湘江流域、洞庭湖区和湘西山区三个地区的特色菜点。湘江流域的菜以长沙、衡阳、湘潭为中心，是湘菜的主要代表。

湘菜历史悠久，早在汉朝烹调技艺就已经有相当程度的发展。在长沙市郊马王堆出土的西汉土墓中，人们不仅发现了酱、醋腌制的果菜遗物，还有鱼、猪、牛等遗骨。经考古学家鉴定，这些遗骨在当时都是经烹饪过的熟食残迹，这就说明许多烹调方法在当时已经形成。

湘菜品种繁多，烹饪技法多样，包含炙、煎、熬、煨、蒸、脍、脯、腊等多种，尤其以煨的工艺最为精湛，几乎达到炉火纯青的地步。用清汤、奶汤、浓汤小火慢煨而成的各种菜肴滋味浓郁。

湘菜的风味特色之一是辣味。因地理位置的关系，湖南气候温热潮湿，人们喜食辣椒，用以祛风除湿。湘菜口味以酸辣居多，用酸泡菜做调料，佐以辣椒烹制出来的菜肴，开胃爽口，深受青睐。风味特色之二是腊味，湖南腊肉的制作历史悠久，早在汉代，湖南先民就用腊肉制作佳肴；到清代，“腊味合蒸”已经成了湖南名菜；现在各种腊肉、腊鸡、腊鱼、腊味饭、腊味菜更是数不胜数。此外，湖南的鱼头菜也别具一格。以蒸煮和烧汁两种方式结合制成的各味鱼头菜，鲜嫩滑软，极受欢迎，尤以剁椒鱼头为首。

剁椒鱼头

（八）徽菜

徽菜系由安徽省的沿江菜、沿淮菜和皖南菜构成。徽菜选料精良，擅长烧、炖、蒸、炒等，并有“三重”的特点，即重油、重酱色、重火工。重油是由于当地人常年饮用含有较多矿物质的山溪泉水，且当地盛产茶叶，人们常年饮茶，因此需要多吃油脂以滋润肠胃。重酱色，体现在调味品的运用上，徽菜多红烧菜，红烧的“红”便是善用酱油和糖，调成红润浓郁的酱色，此类菜肴色泽诱人，口感浓郁。重火工，徽菜善用火候，火功独到，根据不同原料的质地特点、成品菜的风味要求，分别采用大火、中火、小火烹调。经常使用木炭小炉，小火单炖单烤，以保持食物的原汁原味。

此外，徽菜在口味上，还经常使用火腿调味。制作火腿，在徽州是普及型的家庭技术，徽州火腿的味道也极得美食家赞誉。徽菜中还有不少利用食物自然霉变后的特殊味道来调味烹制菜肴，如著名的臭鳜鱼、臭豆干等，奇香无比，成为徽菜一大特色。

臭鳜鱼

这八大地方风味菜都选料考究、制作精细、品种繁多、风味各异，十分讲究色、香、味、形、器的协调统一，其高超烹饪技艺和蕴含的丰富文化内涵，就成为中国饮食文化的最大特色。

二、各地风味小吃

中国各省有着许多独特风味的小吃，比如我们喜闻乐见的北京“驴打滚”、长沙“臭豆腐”、安徽“狮子头”、上海“葱油拌面”等，这些地方特色小吃与中国古老的饮食文化一脉相承，体现了中国饮食在地理位置、民族区域、大众广泛性、流行长久性的独特风格，它们也从另一个侧面反映中国政治、经济、文化、宗教、民族、地理等内涵特性的代表性食物①。现代随着经济技术的迅猛发展，各个地方的著名小吃也受到越来越多人的追捧。这些风味小吃的存在，已不仅仅是人们解决饥饿的物质资源，它们身上烙印着地域标签，集合了当地的食俗、食性、食风、食源等特征，承载了一代又一代人的乡土回忆，再加上小吃价格符合大多数人的消费水平，因此拥有了极为庞大的消费群体。在多方因素的共同成就下，各地风味小吃生生不息、蓬勃发展。

不同省份的风味小吃因当地的食材、气候、水土、饮食习惯和风俗的不同，呈现出不同种类和口味。

(一)西南地区——四川云南贵州

西南地区较为狭义的定义主要是指四川、云南和贵州，西南朴素无华、食风奇异、民族气息浓厚，乡土韵味浓厚的西南小吃个性极为突出。在这里我们可以用“五食”、“三味”、“二性”来概括其主要特征，其中五食是指少数民族食材、粉类食物、粥饭主食、节庆祭祀食物和茶食，三味是指酸辣鲜三种较为常见的地方口味，二性主要是指这个地区小吃食材的广泛性以及品种的多样性，总的来说西南地区小吃主要以粉食为主，民族特色和节庆及祭祀色彩较为浓厚，在选材上主要以稻米为主，红薯、玉米、芋头、土豆为辅。在这里笔者选取了三省最具代表性的小吃，从小吃的典故来源、原料筛选、加工制作、技术要求、口味特色五个方面进行介绍：

1. 川北凉粉

凉粉在四川地区极为普遍，有黄凉粉和白凉粉之说，早在清末时期，四川

川北凉粉

① 周旺．中华风味小吃传说与烹饪[M]．北京：化学工业出版社，2010. 3：2-6.

凉粉就以其独特的红辣味醇、清凉爽口而闻名。据说一位南充县农民陈洪顺一直以来潜心研究制作凉粉，他在选材上特意选取了最新鲜的白豌豆将其细磨成粉，小心把握火候，制作出来的凉粉色泽明亮、质地柔软嫩滑、细腻而有弹性，一上市就被一抢而空，从此陈洪顺的“川北”便声名远扬。至今南充市和成渝等地依然随处可见以“川北凉粉”为招牌的店铺，顾客来往不绝，香飘四溢。

2. 云南过桥米线

过桥米线是云南极为出名的美食。起源于滇南，至今已经有 100 多年的历史了。1920 年个旧人孙法来到昆明，开了一家仁和园食馆，大量出售过桥米线，他的德馨园餐馆一直经营到现在。尤其是在 1990 年亚运会期间，昆明市饮食公司在杭州展销该食物之后，便名声大噪，从此云南过桥米线便在全国各地兴起，遍布北京、天津、上海、广州、江苏、江西等地。说到“过桥米线”，这个名字可是大有来头的。相传清朝时蒙自县城的南湖景致宜人，曲回的石桥延伸入湖心小岛。岛上静幽，有一个秀才每天都到岛上读书，他的妻子每天都给他送饭菜。但是因为秀才每天都埋头苦读，甚至经常会因此而忘记吃饭，身体日渐消瘦，妻子见了也是万分心疼。有一天，她用砂罐炖了一锅鸡汤给秀才，之后就回家干活了。过了一阵子，妻子去收拾碗筷，发现秀才仍然在聚精会神地读书，饭菜依然没有吃，于是妻子准备拿回家再热一下，但是一摸罐子竟然还是烫乎乎的，揭开盖子一看，原来鸡汤上面裹了一层厚厚的鸡油，阻隔了热气，导致没有变凉，妻子惊喜万分，赶紧劝丈夫趁热喝下。从那以后，妻子就配着米线和鸡汤给丈夫喝，使得丈夫逐渐恢复了健康，学业上也有所进步，最后功成名就。后来有不少人家也模仿这种吃法，发现这种米线确实鲜嫩可口，一时间成为时尚佳味。这种食物味虽美，但无名，人们想起秀才之妻送食必过一座桥，于是便命名为“过桥米线”。

云南过桥米线

3. 酸汤面

贵州人喜欢吃酸，因此也擅长制酸，贵州有一句民谣“三天不吃酸，走路打蹿蹿”，贵州人喜酸的程度可见一斑。同时酸汤也具有开胃健脾的功效，在贵州众多的酸汤中，以苗家酸汤最为有名，出名的原因主要是酸香丰富，有红汤酸、清汤酸、肉酸、毛辣角酸等多个品类，可以满足不同人的口味。贵州人常用这种汤料来制作汤面，故有“酸汤面”的美名。

酸汤面

(二) 西北地区——陕西、甘肃、青海、宁夏回族自治区、维吾尔族自治区

西北地区的饮食文化深受当地多民族饮食的影响，呈现多元化的饮食风貌。如在三秦饮食文化圈内传统的汉餐面点早已经与清真面食融为一体了。①汉族著名的小吃主要有臊子面、水晶饼、牛羊肉泡馍、西安大肉饼、窝窝面等；新疆地区的特色小吃有炒面、拌面、抓饭等，虽然这些小食与汉族的饮食习惯有较大的区别，但是也逐渐被汉族人民所接受。当然各个民族之间的文化渗透是相互的，汉族人民食用各类炒菜、臊子面、油条、包子等，也正在被广大的穆斯林群众所接受。

1. 西安大肉饼

相传该食物拥有悠久的历史，是中国的传统美食，至今仍然受到大家的喜爱。它主要是由以肥瘦相间的猪肉为原料，面饼以精粉、碱面混合而成，将猪

① 汪明，赵建民，王冰等．中华风味小吃济南[M]．山东：科学技术出版社，2002：33-35.

肉馅放入面饼中用手按压成圆形饼胚，放入油锅油炸至两面金黄，外皮酥脆，皮薄馅多，入口香脆。

西安大肉饼

2. 清汤牛肉面

通俗来说就是我们大多数人特别爱吃的兰州拉面，是兰州最为著名的风味小吃和最具特色的大众化经济小吃，以肉烂汤鲜、面质精细而蜚声中外。兰州牛肉面创始于光绪年间，系回族老人马保子首创。兰州牛肉面有一清(汤清)、二白(萝卜白)、三红（辣子油红)、四绿(香菜绿)、五黄(面条黄亮)五大特点。面条根据粗细可分为大宽、宽、细、二细、毛细、韭叶子等种类。面条用手工现场拉成，一碗面不到两分钟即可做好，再浇上调好的牛肉面汤、白萝卜片，调上红红的辣椒油、碧绿的蒜苗、香菜，食之令人叫绝。

清汤牛肉面

3. 羊肠面

这是青海回族地区著名的风味面食，顾名思义，主要是以羊肠制作的凉拌面。我们知道回族一般比较擅长烹饪各种羊杂，比如羊的各种内脏(肠、肺、肚、肝)。这里的羊肠面的做法，首先是准备好凉面，将其铺在碗底，上面铺上一层芹菜、菠菜和萝卜片，然后在最上面铺上羊肠和羊头肉、蹄筋等，最后再浇上滚烫的羊肉汤，这样反复浇灌，直至烫熟入味。食用时可以根据自己口味添加油盐酱醋。

羊肠面

4. 粉汤饺子

这是宁夏回族自治区传统的风味小吃，也称为“皮条拉石头”，皮条指的其实就是凉粉，这种凉粉是选用粉质丰盈的扁豆，制成粉坨，这种粉坨放在锅里有弹性，略透明，久滚不糊。而石头指的是饺子，其做法是往制作好的粉汤中放入成熟的饺子，其味酸辣可口，这类小食在宁夏地区广为流传，其中最为著名的当属宁夏银川的粉汤饺子。虽然粉汤饺子做法简单，却是一种典型的清真饮食文化与汉族饮食文化融合的产物。我们知道清真饮食素来以牛肉和羊肉为主，粉汤饺子把汉餐中的凉粉巧妙地加入到羊肉汤中，可谓极具创新意义。

粉汤饺子

5. 曲曲

这是维吾尔族的小吃。这个名字是根据维吾尔族语音译过来的，意思就是汉语中的“馄饨”。曲曲的形状跟饺子极为相似，但又不是饺子，吃法主要以汤食为主，曲曲其实也是汉餐文化与清真文化的产物，在新疆地区也十分流行，尤其是在各类清真饭馆中，曲曲是一种地道的面食产品。人们也会根据个人口味的不同，制作成羊肉曲曲、牛肉曲曲、鸡肉曲曲等。

曲曲

（三）华南地区——广东、广西、海南、香港、澳门

华南地处南方，经济发达，在饮食方面吸取了各地的特色，在借鉴吸收的同时也形成了华南地区特有的小吃风味。首先是在小吃选材上面，充分利用了自己的地理优势以及丰富的物质资源，除了我们常用的米、面、糖、油、蛋、肉之外，还擅长用各种蔬果、淀粉类、海鲜类作为制作饮食的原料，在小吃外形上极为讲究，口味以清鲜为主。

1. 广东肠粉

肠粉是广东非常著名的传统风味小吃，拥有较为悠久的发展历史，早在20世纪20年代就出现。刚刚开始的时候，肠粉都是小贩挑着担沿街叫卖，主要是将米粉蒸熟之后就着咸酱或甜酱而食。发展到30年代，广东出现了专门售卖肠粉的小店，后来各种茶楼酒楼都将肠粉作为特色小吃进行宣传，人们还可以根据自己的个人口味加入不同的辅料，比如：牛肉肠粉、鸡肉肠粉、鲜虾肠粉等，受到广东居民的热爱，经常是一抢而空。

广东肠粉

2. 柳州螺蛳粉

这是广西著名的风味小吃，其中以柳州最为出名，广西坊间流传“不吃螺蛳粉，枉逛柳州城”，可见，凡是来到柳州游玩之人，必定会去尝一碗螺蛳粉，才不枉此行。螺蛳粉其实最早是由当地的传统小吃“吮田螺”发展而来的，后来人们在吮田螺的同时也会配着鸡爪和猪脚吃，后期逐渐形成一种特色小吃，花样不断变化，主要以干切粉与螺混合，流传至今。

柳州螺蛳粉

3. 黎家竹筒饭

这是海南黎族传统美食，它的做法很有意思，非常具有民族特色。它将裹着配料的大米放入新鲜的竹筒之中，然后放入火中进行烧烤。早期人们经常在野外进行制作或者在家用炭火进行烤制，后来随着技术的发展，也会出现在宴席餐桌之上，声誉甚高，成为海南著名的美食小吃。竹筒饭与配料的搭配可以说是一门学问，发展至今海南较为经典的竹筒饭有“野味饭”、“黑豆饭”、“肉香饭”、“黄肉饭”四种，颇受赞誉的当属“野味饭”了。

黎家竹筒饭

（四）华北地区——北京、天津、山西、山东、河北、内蒙古

该地区地处北方，地域辽阔，大多以平原和高原为主，又有大片盆地和绵延的丘陵及山地，由于地势气候的差异，与华南地区不同，在饮食小吃方面以面食为主，我们所熟知的荞面、豆面、薯类等材料是制作小吃的重要原料。同时华北地区主要是以汉族为主体，也是少数民族的聚集地，这里生活着蒙古族、回族、满族、朝鲜族等 30 多个少数民族，这些民族都拥有自己的生活方式和习惯，彼此尊重，因此在饮食方面也呈现出“百花齐放，百花争鸣”的面貌。

1. 三鲜烧麦

北京作为我国的首都，是政治文化的中心，饮食文化也是久负盛名，尤其是北京的小吃，种类丰富，数不胜数，其中烧麦就是北京小吃文化的典型代表之一。烧麦最早出现于元大都，外形与包子极为相似，不同的地方主要在于烧麦的顶部是不封口的。烧麦历史悠久，很早以前烧麦的馅心根据四季的变换而有所不同。春以韭菜为主，夏以羊肉为优，秋以蟹肉为应时，冬以三鲜为当令。

三鲜烧麦

2. 桂发祥什锦麻花

这是天津著名的小吃之一，素来有“津门之绝”之美誉，其店铺原先是设立在天津河西区大沽路东楼十八街，因此人们也习惯叫它“十八街麻花”。桂发祥麻花做法独特，在口感上酥脆香甜，规格多样，而且保质期较长，不容易变质，深受人们的喜爱。

3. 闻喜煮饼

山西著名的传统小吃，被人们称之为“饼点之王”，历史悠久。煮饼在明清时期就已经声名远扬了，关于煮饼还有一个古老的传说，传说康熙帝巡行的时候，途经闻喜，闻喜的地方官员为了迎接皇帝，就四处招募有技艺的厨师，准备举办酒宴相迎。到了宴请之日，康熙对于饭桌上的美味佳肴都没有任何感觉，但是唯独却对煮饼津津乐道，于是便询问食物的名称，官员们搜肠刮肚仍然没有找到合适的名字，康熙泯然一笑，答道：“那就叫煮饼吧”，从此有了皇上的金口提名，煮饼就此闻名天下。

4. 奶油千层饼

奶油千层饼是内蒙古地区餐饮宴席中极具民族特色的面食，口感香甜，同时也具有较高的营养价值，有着滋补、养身、保健的效果，因此一直受到人民推崇。千层饼主要是由牛奶、黄油、枸杞、青梅等制作而成，之所以称之为“千层”，主要是因为制作面点的时候呈现出几十层甚至是上百层，薄而柔软，“千层”当然不是真的有千层，只是人们用来表达奶油饼的层数之多，是较为夸张的表达方式。

闻喜煮饼

奶油千层饼

（五）华东地区——江苏、浙江、安徽、江西、福建、上海

华东地区气候宜人，四季分明，物产丰富，土地肥沃，因此华东地区的小吃品种多样，因为华东地区各地的地理位置、气候、风俗等的差异，在饮食方面形成三种不同的特色小吃，一是以江苏上海浙江为一体的苏式风味小吃；二是以江西安徽为一体的江淮风味小吃；三是以福建为主体的闽式风味小吃。

1. 狮子头

安徽巢湖的传统风味小吃，是一种面食产品，因为其色泽金黄，花纹重叠，形似狮头而得名。在巢湖地区，逢年过节的时候，人们经常以舞狮来庆祝，并常以形似狮子头的食物作为答谢舞狮人的酬礼，长此以往，狮子头成为安徽的传统面食。

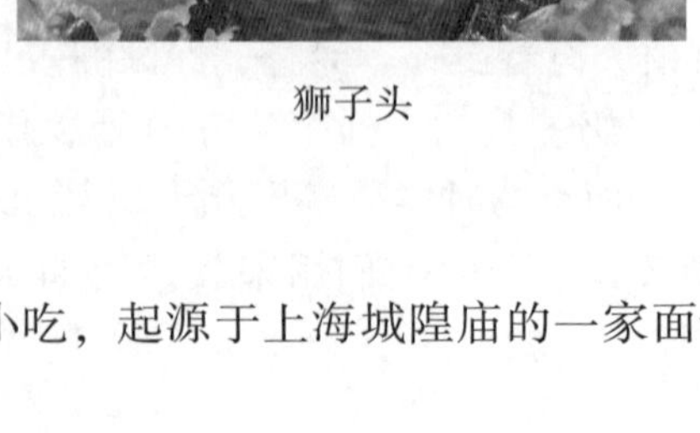

狮子头

2. 开洋葱油拌面

这是上海的风味小吃，起源于上海城隍庙的一家面食店，做法较为简单，

就是将面条煮熟之后，再拌以葱花、开洋(大海米)，开洋葱油拌面也因此而得名。虽然葱油拌面的做法简单，但是对于葱油的熬制以及开洋的烹制火候却是十分讲究，同时也主要是以小阔叶面条为材料，精制而成。

开洋葱油拌面

3. 湖州大馄饨

这是浙江湖州著名的传统风味面点，其特色就在于一个“大”字，相比于传统的馄饨，馅心的投料量要大得多。据说，湖州大馄饨的创始人为周济相，为了招揽自己馄饨店的生意，特意采用了千张包子的馅料配方，在馅心的用量上，足足放了普通馄饨5倍的量，突出了皮薄馅多、外形饱满、鲜香爽嫩的特色，赢得当地居民的喜爱。从此“周生记馄饨店”的招牌就打响了，“湖州大馄饨”也有人称之为“周生记馄饨”。

湖州大馄饨

4. 定胜糕

这是江苏的特色美食产品，主要是由糯米和粳米制作而成，味道香甜可口，“定胜”二字也是江苏人民为了求吉利而取得名字，寓意安居乐业、幸福安康，因此这个带有传统祝福意味的糕点成为人们举办各种乔迁、结婚、祝寿等喜事的常用品。

定胜糕

5. 芋包

福建特色著名小吃，口感香滑可口，尤其是刚刚蒸熟的时候，外面一层薄薄的芋包皮，看上去吹弹可破，似乎里面的馅都要冲破那皮出来了似的。里面的馅心主要以虾仁猪肉为主，外皮主要是以槟榔芋头为主。制作技艺极为精细，口感独特，深受人们的喜爱。

芋包

6. 弋阳米果

江西弋阳著名的传统风味小吃，拥有500年的历史，是弋阳人民祖祖辈辈流传下来的经典美食，流传至今。制作材料选用的是弋阳当地上好的大禾米，传统的制作流程可以用“三蒸两百锤”来概括。人们经常在冬至之后制作，甚至受到皇亲贵族的青睐，历年来被选为皇宫贡品。

弋阳米果

(六)华中地区——河南、湖北、湖南

该区域位于我国的中部，地形复杂交错，山丘、平原、湖泊相互交错，水资源较为丰富，气候以温暖湿润为主。在粮食种类上，湖南湖北主要以稻米为主，河南主要以小麦为主食，红薯、豆类、蔬菜、玉米、荞麦、鸡、鸭、牛、猪等资源也比较丰富，因此在小吃方面发展迅速，种类应有尽有，各地著名美食名扬全国。

1. 武汉热干面

人们都说到武汉旅游必定要来一碗地道的热干面，不然就不算到过武汉，可见热干面在武汉的地位。热干面在20世纪初就已经流行起来了。相传在汉口的长堤街，有一位以售卖凉粉和汤面为生的小贩李包。一天，由于天气异常炎热，李包的生意惨淡，剩下一大半面条没有出售，李包担心面条变质，就将面条煮好沥干晾在案板上，没想到一不小心碰到案板上的油壶，麻油泼在面条上。无奈之下李包只好将麻油与面条混合，重新晾好。第二天清晨，李包将前一天的面条放到锅里重新煮沸，捞起沥干放入碗中，再加入调料，没想到口感竟然比之前的更加美味，一时间人们争相购买，“热干面”也由此而来。

武汉热干面

2. 老蔡记蒸饺

这是河南郑州传统风味美食，拥有百年的历史。与普通饺子相比，其独到之处在于它是以烫面做皮，馅心的肉剁好之后，要边打馅儿边加水，打成之后的肉馅几乎溶于水中，看过去要有反光。相传，老蔡记的创始人是清末时期的皇宫御厨蔡士俊，擅长蒸饺馄饨。到了民国时期，他就自立门户，在老家河南开起了“京都蔡记馄饨馆”，生意兴隆，一直流传到现在。

老蔡记蒸饺

3. 姊妹团子

湖南长沙著名小吃，以糯米和大米粉制作而成，馅心以肉馅和糖馅为主。早在20世纪20年代，长沙火宫殿就摆起了一长条的小吃摊位，其中一家主卖团子的姜姓姐妹生意异常兴隆，不仅团子做得地道可口，姊妹二人也是生得貌美如花，技艺精湛，人们争相购买她们家的团子，“姊妹团子”之名，便是由此而来。

姊妹团子

(七)东北地区——辽宁、吉林、黑龙江

东北地区气候较为寒冷，却拥有一片肥沃的黑土地，景色秀丽。同时东北地区树木林立，大小兴安岭和长白山山脉绵延起伏，有着无数珍贵的野味和菌菇。东北地区水产也极为丰富，渤海、松花江、黑龙江给这一地区带来了许多水产品。因此东北小吃用料广泛，以大米、高粱、红枣、面粉、大黄米为主，风土特色浓厚。

1. 脆松糖

我们都知道黑龙江盛产松籽，因此当地利用这一点，采用松籽为原料制作了著名的脆松糖。该糖营养极为丰富，同时将富含蛋白质、脂肪和维生素的松籽糖浆混合，深受国内外人士的喜爱。

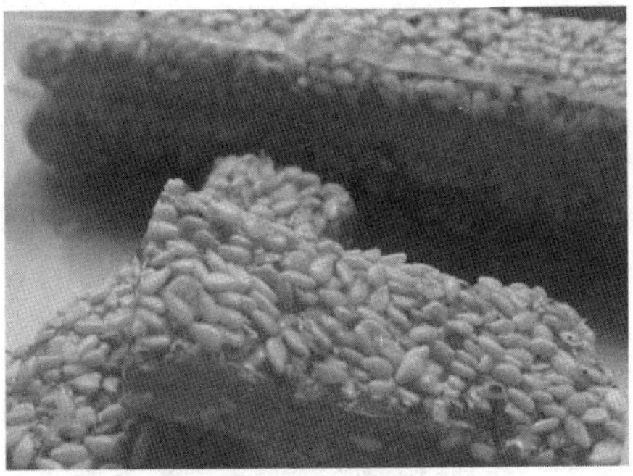

脆松糖

2. 冰城山珍砂锅

这是哈尔滨独有的一道美食，选取的主料主要有鸡腿蘑、白口蘑等，以砂锅为容器熬制而成，一般会以鸡汤为底料，口味鲜美。由于冰城砂锅的原料是以山珍为主，汤料鲜美可口，采用砂锅这种特殊的容器，熬制出来的汤汁浓厚香醇，较为完整地保留了食材的营养，令人赞不绝口。

冰城山珍砂锅

3. 沟帮子熏鸡

这是属于辽宁北镇市的传统名菜，早在清末光绪帝时期就已经闻名于世了。据说，在安徽有一个做熏鸡的商户刘世忠，因为家庭贫困，家乡又在闹饥荒，只好逃难来到沟帮子，为谋生计重操旧业，制作熏鸡，但是生意却没有以前的好。刘世忠反复琢磨，多番试验，效果都不尽如人意。直到有一天在一位老中医的指点下，在煮鸡的汤里面加入了健胃开脾的肉桂、白芷、陈皮、砂仁等十几味药材，这样制作出来的熏鸡不仅具有独特的香味，更是具有益气补身的效果，受到当地居民的热捧，自此以后老刘家的熏鸡便名声大震。

沟帮子熏鸡

中国人对于饮食有着别样的情怀，在饮食方面也颇有自己的见地。俗话说“民以食为天”，百姓将“食”视为“天”，说明食物在人们心中的地位是极为崇高的。又有俗语道“人是铁，饭是钢，一顿不吃饿得慌”，老百姓靠着一日三餐为身体补充能量，保障了日常的生产和生活。此外，食物不仅是人们赖以生存的物质基础，还是百姓们精神寄托的重要载体。人们经常从饮食角度来看待人生，更是有不少文人雅士借由诗歌词曲来抒发情怀，尤其是那些生活贫苦清寒、处于社会底层的人士，他们擅长在普通的饮食中捕捉人生百味，因此中国日积月累经久流传的饮食风俗，在某种程度上来说，也是中国文化在微观层面的重要体现。

中国幅员辽阔、地大物博，不同地区有着与众不同的食俗文化，上述介绍中不尽完整，因此笔者按照地理位置将中国分为七大地区，整理归纳了本地区最具有代表性的食物。

地区	代表性食物
西南地区	川北凉粉、龙抄手、麻婆豆腐、夫妻肺片、担担面、三大炮、棒棒鸡丝、鸡汁锅贴、灯影牛肉、萝卜酥饼、过桥米线、豆花面、花溪牛肉面、酸汤面、荞菜饺、碗耳糕、遵义鸡蛋糕、侗果、糌粑酥油茶、侗乡油茶
西北地区	臊子面、窝窝面、清汤牛肉面、汉中梆梆面、乾州锅盔、羊肉大包、烤馕、油酥饼、羊肉抓饭、牛羊肉泡馍、黄面、一捧雪、那仁、羊肠面
华南地区	鲜虾肠粉、虾饺、虾肉云吞、糯米鸡、蚝油叉烧包、奶黄包、蛋黄莲蓉包、老婆饼、螺蛳粉、玉林牛丸、茯苓糕、五色糯米饭、桂林米粉、打油茶、黎家竹筒饭、海南萝卜糕、椰子饭、豆腐花
华北地区	一窝丝清油饼、一品烧饼、三鲜烧麦、酱肘子、芙蓉糕、灌肠、炒疙瘩、驴打滚、小枣粽子、马蹄烧饼、狗不理包子、奶油千层糕、开口笑、萨其马、栗子糕、春卷、哈达饼、肉火烧
华东地区	蟹黄汤包、虾爆鳝面、千层油糕、狮子头、三丁包子、素菜包、开洋葱油拌面、猫耳朵、王兴记馄饨、鸡蛋锅贴、湖州大馄饨、韭菜盒、蟹壳黄、吴山酥油饼、金华干菜酥饼、宁波猪油汤圆、温州鱼丸、五芳斋粽子、打卤面、包心鱼丸、佛跳墙、弋阳米果

续表

地区	代表性食物
华中地区	热干面、东坡饼、老蔡记蒸饺、蛋黄菊花酥、三鲜豆皮、姊妹团子、豆腐脑、重阳糕、红薯饼、糊汤米酒
东北地区	冰城山珍砂锅、哈尔滨熏鸡、朝鲜冷面、酱大头菜、牛肉锅贴、东北水饺、打糕、黄米切糕、涮羊肉

第四节　食疗文化

所谓食疗，顾名思义，指用食物进行疾病治疗的方式。在中医饮食营养学中，食疗指的是在中医的理论指导下，通过食物的摄取来达到强身健体，预防和治疗疾病的目的，抑或运用食物促进身体机能的恢复以及延缓衰老。早在远古时代就有神农尝百草之说，食疗在我国的历史由来已久，它和药物疗法、气功、推拿等传统中医学科一样，是我国中医学体系重要的组成部分。《黄帝内经》作为中医史上最具代表性的医学专著，就系统地介绍了五行食疗法，现在很多营养学家和中医们依然沿用着这个古老的方法给病人进行治疗。

所谓“五行食疗法”，就是通过饮食来调整机体之间相生相克的关系，达到维持脏腑气血平衡之效。《黄帝内经》指出，食物可以按照颜色和味道分为五色和五味，与中医五行相对应。五色即黄、青、白、黑、红；五味即苦、辛、咸、酸、甘。黄和甘对应五行的土、人体的脾胃；青和酸对应五行的木、人体的肝胆；白和辛对应五行的金、人体的肺和大肠；黑和咸对应五行的水、人体的肾和膀胱；红和苦对应五行的火、人体的心和小肠。

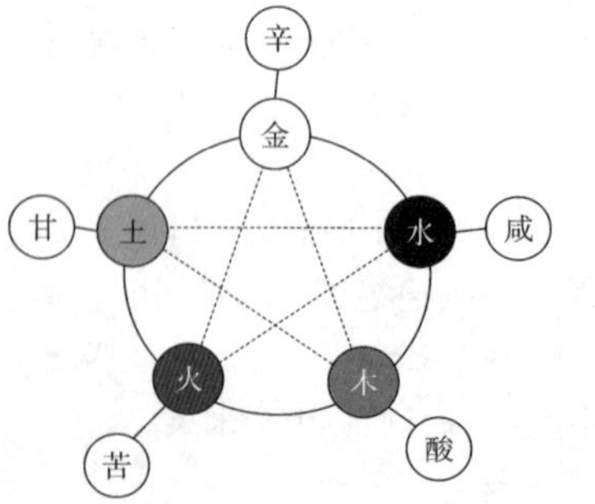

一、白、辛归肺肠

中医五行理论认为，人体机能中的肺和大肠与白色相对应，大多数的白色食物能起到补益肺气和滋阴润肺的效果。生活中常见的白色食物包括白萝卜、白果、百合、梨、山药、银耳等。每每感冒咳嗽时，家里的老人总是会煮一碗冰糖雪梨让你喝下，正是因为雪梨是能滋阴润肺的白色食物，对咳嗽有着很好的治疗效果。当然，除了冰糖雪梨外，还有很多其他针对肺肠的食疗方。

(一)五行白萝卜汤

将300克排骨洗净剁好，用开水焯一下在一旁备用；准备100克山药和半根白萝卜洗净去皮，切成小块备用；准备4颗红枣和10粒枸杞，红枣去核备用。先将排骨放入砂锅中，用大火将其烧开，再转小火慢炖2个小时，并将准备好的山药、白萝卜、红枣和枸杞都放入锅中，继续慢炖半个小时，即可食用。

五行白萝卜汤以排骨和白萝卜作为主材，排骨有补气养血之功，白萝卜属金，能够滋补同属金的肺和大肠，这也是进食过量白萝卜容易放屁的原因所在，因为白萝卜味辛，能通润肠道。

(二)百合山药粥

准备50克百合，100克山药，100克粳米和20克冰糖。先将山药洗净去皮切碎，剁成蓉，放在一旁备用。然后将百合掰成瓣，洗净后放入砂锅中，加入清水浸泡片刻，再倒入洗好的粳米，用大火将其煮沸，接着倒入山药蓉进行搅拌。搅拌均匀后，改为小火慢炖1小时，再加入冰糖，直至煮成浓稠状即可盛出食用。

百合属金，能起到滋阴润肺的功效，特别适合肺结核的患者进行食用。

(三)慈菇蒸蜂蜜

准备200克生慈菇，蜂蜜和米泔水适量。将生慈菇洗净去皮，捣成泥糊状，加入适量的蜂蜜和米泔水。然后装于碗中，上锅隔水蒸熟即可。慈菇蒸蜂蜜特别适合有咯血的患者食用。

二、黄、甘入脾胃

脾胃对应着黄色，食用黄色食物能够帮助机体增强脾胃之气。脾胃就相当于身体中的土壤，是人体生存发展的后天之本，只有脾胃功能正常，人才会有活力才会健康。常见的黄色食物包括黄豆、南瓜、玉米、小米等，我们也常常能听到“小米粥养胃”这样的说法，原因就在于黄色食物入脾胃，能够强健脾胃。

（一）黄色养生粥

先将猪肋排洗净焯水放在一旁备用，然后在砂锅中倒入适量的植物油，烧至八成热时，放入葱花、姜片翻炒至出香味，再将猪肋排放入进行翻炒，翻炒八九分钟之后，往锅中加入适量开水大火烧开，然后加入小米，用文火慢炖一个半小时左右，调味后即可盛出食用。

小米色黄，主脾胃，是生活中常用来补益五脏六腑的食物，对脾胃有着很好的养护作用，配合排骨的鲜香，这道黄色养生粥不仅色香味俱全，而且有很高的养生功效。

（二）南瓜玉米粥

准备150克南瓜、100克玉米粒、80克小米面。先将南瓜洗净去皮切成小块在一旁备用。在小米面中加入适量的凉水，搅拌至稠糊状。锅中烧水，待水开后加入切好的南瓜、玉米粒，等到南瓜和玉米都煮熟之后，再加入小米面面糊，再煮五分钟即可食用。

不论是南瓜还是玉米还是小米，都是味道甘美的黄色食物，有着滋养脾胃、促进消化的作用。黄色食物中的膳食纤维和维生素A含量丰富，膳食纤维促进肠道的蠕动，帮助消化，维生素A对胃起着重要的保护作用，能够有效预防胃炎、胃溃疡等疾病。

三、红、苦养心肠

红色食物对应着心和小肠，能够补益气血，改善心气亏虚导致的手脚冰凉、手足无力等症状。在日常生活中，适当地食用胡萝卜、西红柿、山楂、红枣等，能够很好地调节心气。

（一）阿胶蒸鸡肉

准备20克阿胶，捣碎后备用。150克鸡肉切块加入姜片、黄酒、盐和400毫升清水，加入阿胶和去核的龙眼以及红枣，隔水蒸煮至酥烂，最后加入味精，淋上麻油即可。

阿胶色红，有着滋阴补血、治血虚的功效，配合补气血的红枣，因此阿胶蒸鸡肉适用于血虚眩晕、心悸、月经过多等症状。

(二)红椒苦瓜

苦瓜洗净去籽，切成薄片备用；瘦猪肉洗净后切成小片；红辣椒洗净去籽，切成辣椒丝。先将砂锅烧热，倒入适量的植物油，待油温烧至八成熟后，放入猪肉煸炒，出香后加入辣椒丝、苦瓜片继续翻炒，调味后即可出锅。红椒色红属火，能够补血养心、温养小肠。

(三)山楂鲜橘皮韭菜饮

准备30克山楂和20克橘皮，洗净后山楂切片，橘皮捣碎，一并放入砂锅中，加水煮30分钟，然后加入30克切成小段的韭菜，待全数煮沸后，过滤取汁，根据个人口味，适当加入白糖进行调味。每日两次，特别适用于冠心病的预防和治疗。

四、青、酸照肝胆

青色与肝胆相对，中医认为青色食物能够通达肝气，起到疏解情绪的作用，同时能够促进肝脏排毒，因此在生活中，适量地摄入一些猕猴桃、菠菜、绿豆等青色食物，能够起到护肝护胆的作用。

(一)绿豆甘草饮

准备250克绿豆，洗净后与切成片的甘草一同放入砂锅中，加入适量的清水，先用大火煮沸后改成小火慢煮90分钟，待绿豆煮熟烂成酥时，加入湿淀粉，煮至稀糊状即可。

绿豆色青，入肝经，有通肝疏气之效，其性凉，可益肝清热，缓解肝火过旺的症状。

(二)猪血菠菜汤

菠菜择去黄叶，洗净后切成段，猪血切成块，放置一旁备用。在砂锅内加入切段的葱和适量清水，大火烧开后，加入猪血和香油，待水再次沸腾时放入菠菜和适量精盐，煮至菠菜变色即可盛出食用。

菠菜色青，可疏肝解郁；猪血色红，可补气益血，使得肝得到及时有效的滋养，更好的储血。

(三) 青梅茶

将青梅洗净去核放置在玻璃杯中，加入适量的开水，进行冲泡，待水温变凉后再加入适量的蜂蜜进行调味，简单味美的青梅茶就制作完成了。

青梅色青味酸，入肝经，可滋阴肝胆，特别是青梅中的丙酮酸和齐墩果酸等活性物质对肝有很好的保护作用，能够有效地提高肝的解毒功能。

五、黑、咸补肾助膀胱

黑色对应着五行中的肾，大多数的黑色食物有着补肾益气的功效，常见的黑色食物有黑米、黑豆、乌鸡、芝麻、紫菜等。中医理论中，将肾看作人体的仓库，储存着人类生命活动所需的重要物质基础——精。肾的盛衰，关系着其他各脏腑的强弱，因此我们要适当补充黑色食物，来增强肾的活力。

(一) 乌鸡山药红枣汤

准备一只乌鸡，处理干净后剁成小块，在开水中焯一下。然后在砂锅中加入一半量的水，待水烧开后放入乌鸡，以及洗净的红枣、八角、葱花、姜片，用大火煮开后改为微火慢炖一个半小时，再将山药放入锅中炖半个小时，调味后即可食用。

乌鸡是非常具有代表性的黑色食物，乌鸡的喙、爪子、皮肤、肌肉、骨头和大部分内脏都是黑色的，具有极高的补肾价值，极具营养。

(二) 五黑桑葚粥

将黑豆和黑米提前浸泡一个晚上，然后用清水洗净装入砂锅中，再加入洗净的黑芝麻、桑葚和黑葡萄干，倒入适量的清水进行熬煮，直到黑豆和黑米都熟烂之后即可。

桑葚色黑，曾是古代帝王的御用补品，有着补益肾气、滋养膀胱的功效。黑米同属黑色食物，长期食用可以延年益寿。黑米属水，入肾经、膀胱经，具有补肾气、强身体的作用。黑芝麻、黑豆和黑葡萄干同样具有保护肾和膀胱的作用。

自神农尝百草，开创“药食同源”的时代开始，我们的祖先经过长期寻求与选择食物的过程，发现某些动物和植物既可作为食物来果腹，又能作为药物来防病治病，从而有了简单的医疗活动，也在那个时候有了食疗。食疗是人们进行科学膳食的重要方法和途径，食疗文化是中华传统文化的重要组成部分。随时时代的变化、经济的发展，食疗文化也将愈来愈繁荣、愈来愈科学。

第三章　住

中国古代建筑是一种艺术，是世界上延续历史最长、分布地域最广、风格非常显明的一个独特的艺术体系。不仅集中国古韵之大美，更以原汁原味的中式建筑特色，凸显着属于中国独一无二的繁华盛景，这是中国人的骄傲。

中国的建筑，具有悠久的历史传统和辉煌的成就，在世界上独树一帜，如故宫是世界上最大的宫殿，也是中国现存最大最完整的古建筑群；布达拉宫是世界上海拔最高，规模最大的宫堡式建筑群；万里长城更是被称为世界建筑奇迹之一。不同的建筑结构以其独有的历史与文化积淀书写着各自的故事。它们或精致，或恬静，或威严，是如今的建筑永远无法超越的。让我们一起走进它们，去倾听古老文化的声音，感受大国历史的厚重。

第一节　中国古代建筑构成介绍

梁思成说："建筑之始，产生于实际需要，受制于自然物理，非着意创制形式，更无所谓派别。其结构之系统，及形式之派别，乃其材料环境所形成。古代原始建筑，如埃及、巴比伦、美洲及中国诸系，莫不各自在其环境中产生，先而胚胎，粗具规模，继而长成，转增繁缛。其活动乃赓续的依其时其地之气候，物产材料之供给；随其国其俗，思想制度，政治经济之趋向；更同其时代之艺文，技巧，知识发明之进退，而不自觉。建筑之规模，形体，工程、艺术之嬗递演变，乃其民族特殊文化兴衰潮汐之映影；一国一族之建筑适反鉴其物质精神，继往开来之面貌。今日之治古史者，常赖其建筑之遗迹或记载以测其文化，其故因此。盖建筑活动与民族文化之动向实相牵连，互为因果者也。"建筑结构反映了建筑文化，建筑文化反过来又影响建筑结构，让我们从建筑结构出发，通过对中国传统建筑结构的探寻，了解建筑文化。

一、柱子

柱子是建筑物中直立的起支撑作用的构件，主要用来承托在它上方物件的重量，有圆形、方形、八角形几种断面形状，以圆形为主要形状。按照柱子的不同位置，可以分为檐柱、金柱、山柱三种基本类型。

1. 檐柱

檐柱是木结构建筑檐下最外面一列支撑屋檐的柱子，也称为外柱。檐柱是清式建筑的名称，在宋代又称为副阶柱。在楼阁建筑中，檐柱有上下之分，分别叫上檐柱、下檐柱。

2. 金柱

建筑物的屋顶梁架以立柱支撑，立于最外面一层屋檐下的柱子叫檐柱，在檐柱以内，位于内侧的柱子叫“金柱”。金柱又是除了檐柱、山柱和中柱以外柱子的通称，依据位置的不同可以分为内金柱和外金柱。

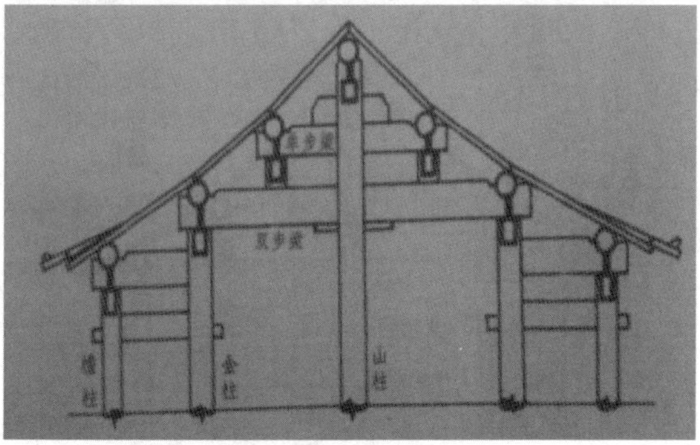

3. 山柱

山柱是指在硬山或者悬山房屋的建筑的山墙内，在正中位置由台基上直通脊檩下的柱子。柱子的口径一般比檐柱大两寸左右。

二、梁

梁是中国建筑构架中最重要的构件之一，是用来承垂直于轴线的横向载荷的杆件。每根梁的具体称呼则按照其所在位置、承托檩数的多少而定。梁一般承受建筑物的上部构件以及屋面的全部重量。大多数梁的方向与建筑面的横断面一致。在相对大型的建筑上，梁放在斗拱上，斗拱下面就是柱子；在较小的建筑上，梁下面直接是柱子。

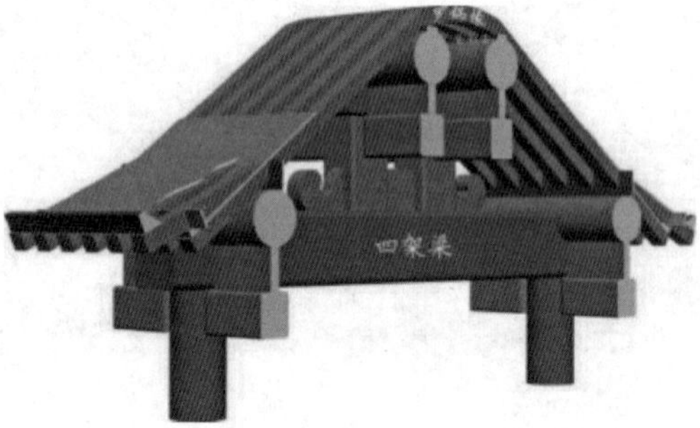

三、斗拱

斗拱是中国建筑特有的一种结构，又称枓拱、铺作、斗科，是在额枋、在立柱顶以及檐檩间或者构件间，从枋上加的一层层的探出成弓形的承重结构，拱与拱之间垫的方形木板叫斗，一起合称为斗拱。只有宫殿、寺庙、皇家园林等高级建筑才允许安装斗拱，它又是中国封建社会等级制度的象征。

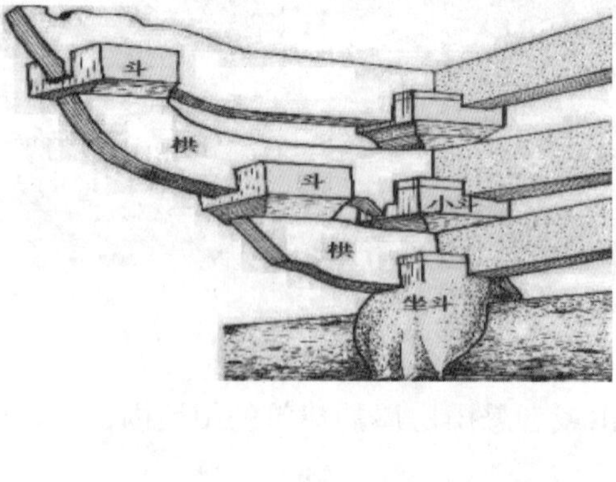

四、檩

檩，也叫檩木、房檩，是架在梁头位置的沿建筑面水平方向的构件。其作用是直接固定椽子，并将屋顶荷载通过梁而向下传递。檩的名称随其梁头所在的柱的位置而不同，如在檐柱之上的称檐檩，在金柱之上的称金檩，在中柱之上的称脊檩。

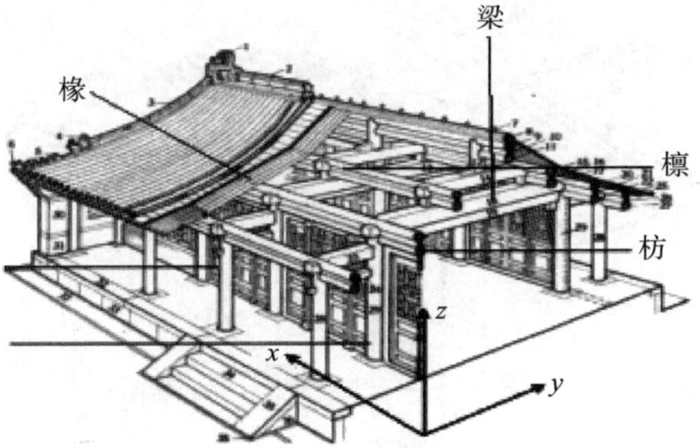

五、椽

椽，装在屋顶上以支撑屋顶盖材料的木杆。又称椽子，是密排桁上，与桁正交，直接承受望板及其上屋面的重量的构件。椽的位置不同，名称也不同，从屋脊至檐口有脑椽、花架椽、檐椽、飞檐椽等。

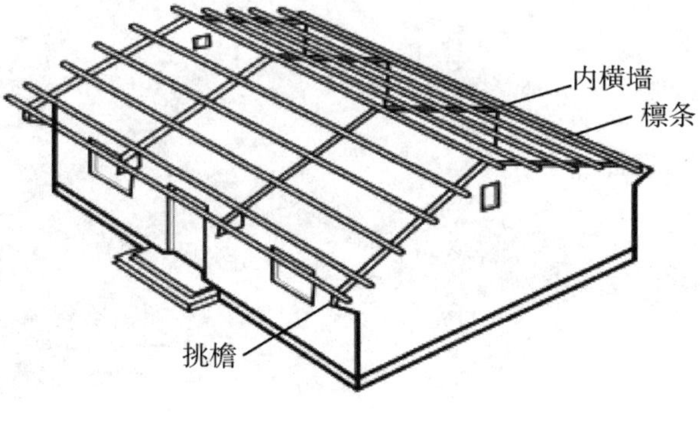

六、枋

枋是指在柱子之间起联系和稳定作用的水平方向的穿插构件，它一般是随着檩或者梁而设置，将分散的斗拱联成一个整体，如在脊瓜柱柱头间者名脊枋，在金瓜柱柱头间者名金枋，在檐柱间者名檐枋或额枋。

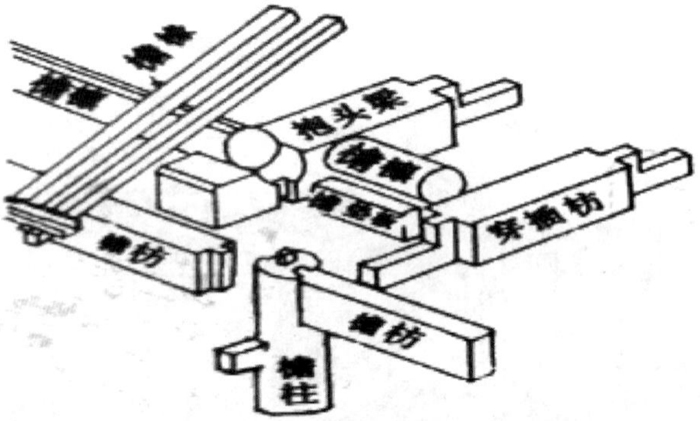

七、天花

天花是指建筑内基本能遮蔽梁以上的部位。天花一般为天花板或者穹窿顶的装饰，为凹下的方格或者多边形木片构成。

八、雀替

雀替一般是放在柱子上端用来与柱子共同承受上部压力的物件，它具体的位置一般处于柱与柱的交接处或者梁与柱的交接处。它有一定的承重作用外，还可以减少梁、柱的跨越或者增加梁头的抗剪能力。

九、线脚

线脚在建筑上一般指的是檐口线脚。线脚是通过线的高低而形成的阳线和阴线，以及面的高低而形成的凸面和凹面来显示的。面有圆的方的，线有宽的窄的、疏的密的，因而形成了千姿百态的线脚。如凸线、凹线以及组合线。

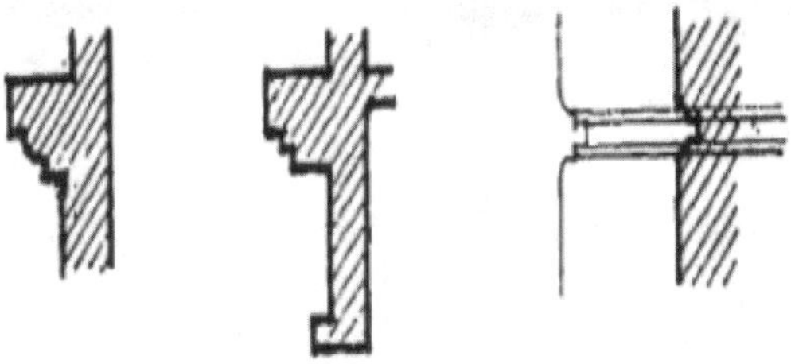

凸线　　组合线　　凹线

十、柱基

所谓柱基，就是指柱子的基础，是柱子与地面结合的部分，柱基与柱头、柱身三者都是梁柱的重要组成部分。

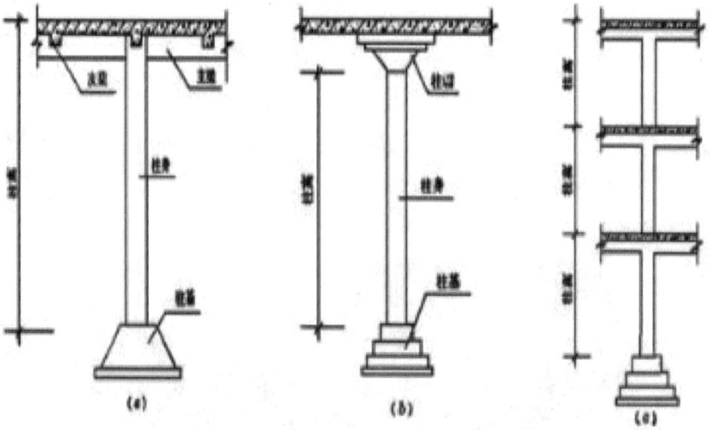

十一、筒瓦

筒瓦，指半圆筒形的瓦，用于大型庙宇。宫殿的窄瓦片，制作时为筒装，成坯为半，经烧制成瓦，一般以粘土为原料。器表饰较粗的绳纹，器内除素面外还有麻点纹、斜方格纹等纹饰。其中一种为琉璃瓦，琉璃瓦是指选用优质矿石原料，打磨粉碎，然后高压成型，最后高温烧制而成。它具有强度高、平整度好、吸水率低、抗折、抗冻、耐酸碱、永不褪色等显著优点。

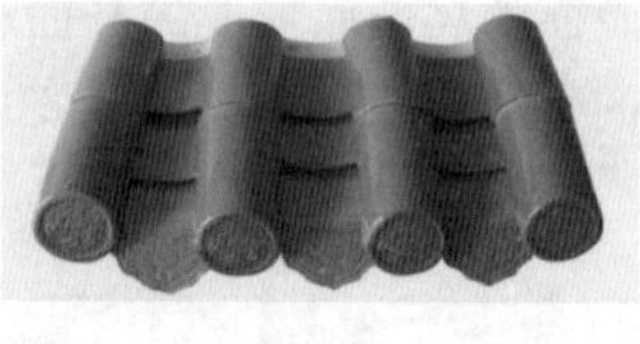

十二、脊

1. 正脊

正脊，又叫平脊、大脊，位于屋顶前后两坡交汇处，是屋顶最高处的水平脊梁。在正脊的两端有望兽或者吻兽，中间可能有宝瓶等装饰物。根据屋顶正脊两端或中部腰花处装饰物的不同，正脊又分为许多形式，如龙门脊、哺鸡脊、纹头脊等。

2. 垂脊

垂脊是指庑殿顶的正脊两端到屋檐四角的屋脊。北方地区常见的垂脊形式是铃铛排山脊、披水排山脊和筒瓦梢垄等。垂脊使用排山勾滴的称铃铛排山

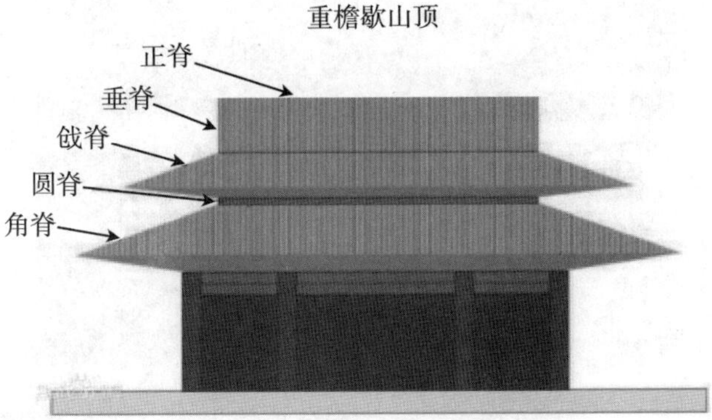

脊。当排山勾滴改做披水砖檐时，垂脊称为披水排山脊。南方地区的垂脊形式与北方相似，只是构造相对简化。

3. 戗脊

戗脊又叫岔脊，是指歇山顶建筑从垂脊下端到屋檐部分的屋脊，和垂脊成45°，对垂脊起到支戗作用。戗脊的上端与垂脊高度一致，并与垂脊相连。

4. 圆脊

圆脊又叫罗锅脊，也叫卷棚脊，指卷棚式建筑的两坡相交处不用正脊而是将前后两坡的筒瓦、板瓦在正脊处相交时做成圆形的屋脊。这种圆脊常用于园林建筑，除硬山、悬山顶外，歇山顶也常有圆脊的做法。

5. 角脊

角脊，即建筑正脊中两端起翘，其形尖弯刚劲，如同牛头上的一对硬角。角脊在苏中、苏南的民居仍十分盛行。角脊的启用出于镇宅辟凶的功利追求。

十三、台基

台基又叫基座，是指在建筑中高出地面的建筑物底座，主要用来承托建筑物，使其防腐、防潮，同时可以用来弥补中国古建筑里单建筑不甚高大雄伟的缺陷。台基由于高出地面，因此与地面形成了高度差，由此产生了坡道或者台阶。在台基比较高的情况下，为了安全起见，人们在台基上安装了栏杆。台基有很多种，大致可以分为以下几类：

1. 普通台基

普通台基是用素土、灰土、碎砖三合土夯筑而成，大约有一尺高，用于小型建筑物。

2. 较高级台基

较高级台基比普通台基要高，常在台基边上建汉白玉栏杆，常用于大型建筑物或者宫殿建筑物的次要建筑物。

3. 更高级台基

更高级的台基就是须弥座，也叫金刚座。“须弥”在古印度神话里是世界的中心，是宇宙里最高的山。须弥是佛教的宇宙观，它的意思是“妙高”、“善积”等。须弥座主要用来作神龛或者佛像的台基，可以显示佛的神圣伟大、崇高庄严。采用须弥座也表示了中国古建筑的级别。它一般用砖或者石头砌成，上面有纹饰和凹凸线脚，常用于寺院中的主要殿堂建筑和宫殿。

4. 最高级的台基

最高级的台基是由几个须弥座构成，可以让建筑显得更加的宏伟壮观，主要用于最高级别的建筑，例如故宫三大殿以及曲阜孔庙的大成殿。

十四、屋顶

屋顶是建筑顶部的承重和围护构件，一般由屋面、保温(隔热)层和承重结构三部分组成。屋顶又被称为建筑的“第五立面”，对建筑的形体和立面形象具有较大的影响，屋顶的形式将直接影响建筑物的整体形象。一般来说，屋顶有四种基本形式，即硬山式、悬山式、歇山式以及庑殿式。

1. 硬山顶

硬山顶也就是硬山式屋顶，房屋两侧山墙跟屋面齐平或者略高出屋面。屋面由一条正脊和四条横脊组成，以中间横向正脊为界划分为前后两坡。左右两面的山墙跟屋面齐平或者略高出屋面。硬山式屋顶出现大约在宋代以后，因为在宋代《营造法式》中没有任何记载，在宋代建筑遗物里也没有出现过，但是

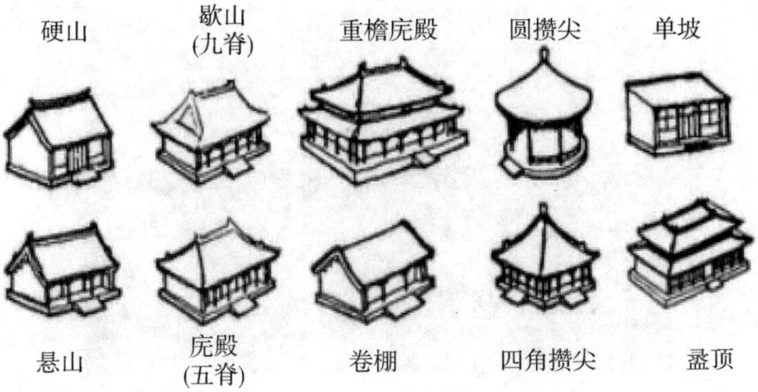

在清朝时期却广泛使用。

硬山式屋顶简单朴素，只有前后两面坡。它是古建筑中最普通的形式，其构架组合形式也是最基本的构架组合形式。其等级也是比较低的屋顶形式，在皇家建筑和一些大型的寺庙建筑中，基本上没有硬山式屋顶。也因其等级低，所以屋面一般使用青瓦，不能使用瓦筒，更不能使用琉璃瓦。

2. 悬山顶

悬山顶就是悬山式屋顶，又称挑山顶，屋面是双坡，由一条正脊和四条垂脊构成，两侧伸出山墙之外。它是两面坡屋顶的早期做法，出现的年代比硬山顶要早。主要用于宫殿和寺庙中比较次要的殿堂和一般民居建筑上。

3. 庑殿顶

庑殿顶又称四阿顶，由一条正脊和四条垂脊组成，屋顶前后有四面斜坡，构造与众不同。它是中国古代建筑中级别最高的屋顶形式，在古代只有最尊贵

的建筑物才能使用庑殿顶。它常用于宫殿、坛庙一类的皇家建筑，也是中轴线上主要建筑采用最多的形式。在明清时期，庑殿顶的建筑实例比较常见，最为大家熟知的就是现存的北京故宫的太和殿。除皇家建筑以外，任何其他建筑都决不允许使用这种屋顶建筑。由于它具有极高的政治和社会地位，所以用材较多、体量雄伟壮观，装饰华丽。

4. 歇山顶

歇山顶，即歇山式屋顶，宋朝称九脊殿、曹殿或厦两头造，清朝改今称，又名九脊顶。为古代中国建筑屋顶样式之一，在规格上仅次于庑殿顶。歇山顶亦有传入东亚其他地区，日本称为入母屋造。其出现晚于庑殿顶，其样式最早可见于汉阙石刻，在汉代的明器、北朝石窟的壁画上，也都可看到歇山顶。现存最早的歇山式建筑是五台山的唐代南禅寺大殿。

第二节　中国古代建筑的形制

中国历史悠久，疆域辽阔，自然环境多种多样，社会经济环境不尽相同，在漫长的历史发展过程中，逐步形成了多种多样的建筑形式，如楼、亭、阁等，这些建筑形制丰富了我国古代建筑的文化，对我国现代建筑的发展产生了深远影响。

一、楼

楼，重屋也，指两层和两层以上的房屋，也指建筑物的上层部分或者有上层结构的。

二、亭

亭(凉亭)是一种中国传统建筑，源于周代。多建于路旁，供行人休息、乘凉或观景用。亭一般为开敞性结构，没有围墙，顶部可分为六角、八角、圆形等多种形状。因为造型轻巧，选材不拘，布设灵活而被广泛应用在园林建筑之中。有顶无墙，是供人们休息用的建筑物，一般建筑在花园里或者道路旁边。

三、阁

阁是中国传统建筑物，类似楼房，四周一般设隔扇或者栏杆回廊，供人们游憩、远眺、藏书和供佛之用。

四、榭

榭，建在水面或者高土台上的木屋。这是一种借助于周围景色而见长的园林游憩建筑，其特点是只有楹柱和花窗，没有四周的墙壁。它的结构依照自然环境不同而有各种形式，如有花榭、水榭等之分。隐约于花间的称之为花榭，临水而建的称之为水榭。

五、轩

有窗户的小屋或者长廊。

六、廊

廊式建筑的组成部分，是指屋檐下的过道、独立有顶的通道或者屋内的通道，包括回廊和游廊，具有防雨、遮阳等功能。

七、舫

古时候称两舟相并为舫。舫是仿照船的造型，在园林的水面上建造起来的一种船型建筑物，供人们游玩设宴、观赏水景，如苏州拙政园的“香洲”、北京颐和园的“清晏舫”等。为水边或水中的船形建筑，前后分作三段，前舱较高，中舱略低，后舱建二层楼房，供登高远眺。前端有平硚与岸相连，模仿登船之跳板。由于舫不能动，又称不系舟。

八、斋

斋与堂不同，斋要位于园林的僻静处，不应该敞显，以便人们聚气敛神。

九、堂

堂是正房，高大的房子，高于一般的房屋。我国的一些老医号、中医药店，多以“堂”相称，例如“同仁堂”、“长春堂”等。古代官员审案办事的地方也被称作堂，例如升堂。

十、厅

在古代宅地和园林中，用来聚会或者招待客人的大房间，多有小型公共建筑的性质。因为房间空间大，门窗装饰大多考究，造型大多端庄典雅。

十一、馆

招待宾客或者旅客食宿的房舍。供游览眺望、起居、宴饮之用，体量可大，布置大方随意，构造与厅堂类同。

十二、塔

塔是佛教特有的高耸的建筑物，一般为尖顶，多层，常有七级、九级、十三级等，形状有多角形的、圆形的，一般用来藏舍利、经卷等。一般来说，中国的塔有五种类型：楼阁式、密檐式、单层塔、喇嘛塔以及金刚宝座塔。

十三、阙

阙是中国古代最早的地面建筑之一，是古代宫殿、寺庙或者陵墓前的高台，通常是左右各一个。阙由台基、阙身和屋顶三部分构成。

十四、坊表

坊表是中国古代具有表彰、纪念标志性作用的建筑物，包括牌坊和华表。

1. 牌坊

牌坊是中国古代一种特殊建筑，其功能性质大体上分为两类，一类是标志性建筑，一类是纪念表彰性的建筑，即旌表牌坊，表彰和纪念某一个人。在材质结构上有石牌坊和木牌坊两类。牌坊是一种无实际使用功能的建筑，是标志性、纪念性的建筑，因此其外观造型就成为最重要的因素。

2. 华表

华表是成对的立柱，起标志性或者建筑性的作用。它一般由汉白玉雕刻而成，底座呈方形，是莲花座或者须弥座，柱子上面雕刻着龙和云的图案，在上端横插一云板，称为诽谤木。在石柱顶上有一圆形承露盘，对应着天圆地方。在承露盘上有一尊兽，是传说中的神兽望天吼或者朝天吼。

十五、坛

古代举行祭祀天、地、社稷等活动用的土和石筑造的高台。坛既是祭祀建筑的主体，也是整组建筑群的总称。

十六、影壁

影壁，古时候称为萧蔷，是中国传统建筑中用来遮挡人们视线的墙壁。它可以位于大门内，也可以位于大门外，前者称之为内影壁，后者称之为外影壁，明清时代，影壁分为一字形和八字形。影壁通常是由砖砌而成，是由座、身、顶三部分组成，座有须弥座，也有的没有座。

十七、殿

在古代泛指高大的房屋，后来特指帝王居住和朝会的地方或者供奉神佛的地方。例如，宫殿、佛殿等。

第三节　中国建筑发展史

民居建筑历史悠久，民居的产生起源于人类对满足自身居住安全的需要。从最原始的以穴为居到亭台楼阁再到现在随处可见的高楼大厦，人们对居住的需要根据自身条件不断地加以改善，而不同地区的民居特点也各不相同，究其原因，也与民居建筑地发展紧密相关。民居建筑自产生之初就是人们在熟悉的生活环境下，充分利用人们所生活地区的不同材料建造成的，这些不同的民居建筑蕴含着不同时期劳动人民的智慧与汗水。随着人们生活条件的改善，人们的物质生活水平不断提高，对民居建筑的要求也从满足居住安全逐渐上升到满足审美上的需要，民居建筑的特点也随之变化，具体表现在不同时期民居建筑的基本构成形式上的变化。

美国心理学家马斯洛的需要层次理论认为，人类具有生理需要、安全需要、情感与归属需要、尊重的需要以及自我实现的需要，这也同样体现在民居特点的变化过程之中。马斯洛认为人类对这些需要的满足会不断递升，最低层次的需要得到满足后高层次的需要不断出现，这与从原始社会到当代社会民居建筑的主要特点的变化完全契合。在原始社会初期，原始人类在从自然界中得到满足食物需要等基本生理方面的需要后，就要考虑躲避自然气候条件中风、雨的侵扰还有自然界中野兽的侵袭以满足对安全的需要，这样在北方出现了最原始的居住场所洞穴。尽管是简单的洞穴，但它的朝向也是有其特点的。出于对自然环境的考虑，许多洞口的朝向都一致朝着南边，因为我国北方冬天寒冷的西北风在某些地区较为强劲，洞口方向朝南有助于阻挡寒风。而在南方则有着筑巢而居的习惯，这也与南方气候息息相关。由于南方气候潮湿多雨，借鉴自然界中鸟巢的形式，南方原始时期主要以巢居的形式来避免生活环境受到气候及群兽的干扰。

从原始时期开始民居的种类不断增加，但其中具有特色的在北方主要有北京四合院、西北黄土高原的窑洞，而在南方主要有安徽的天井民居、福建和广东的客家土楼、镬耳屋和云南的“一颗印”等。这几种典型的民居，融合了不同地区的地理特点及历史发展特点，大多数至今还有保留。

一、四合院的历史发展

北方的四合院，它是由古代的建筑慢慢演变而成的。迄今为止最早的四合院在陕西岐山凤雏，是西周时期的建筑。该建筑主要的结构为坐北朝南，前堂后院，同四合院的结构基本相符。

春秋时期，中国处于封建社会阶段，代表地主阶级的士大夫阶层的经济条件较好的家庭为满足其生活需要，进一步改造四合院，使得四合院逐渐规范化，形成了该时期四合院的基本结构：四合院的大门有 3 间，建筑中间有个门，门内东西两侧有堂屋，门内是庭院，北边是大厅，是主人生活起居、会见宾客的地方，大厅的东西两侧是东厢和西厢，大厅的后面是内室。

7 世纪初期，唐朝经济较为繁荣，直接影响着当时中国文化，中国文化在这一时期也相应较为繁荣，而这时的建筑艺术也同样发展起来。宋代四合院的院落更加复杂，院子周围往往用廊屋代替木质的回廊，因而房屋的功能与结构以及四合院的造型都发生了变化。

四合院是中国华北地区的传统住宅，一般是一个正方形或者长方形院落。"四"即东南西北四个方位，"合"是合在一起，形成一个口，"院"就是院落，其特点就是按照南北轴线对称布置房屋和院落，坐北朝南，大门开在东南角，门内有影壁。四合院由正房和厢房以及耳房构成。正房位于中轴线位置，侧面为耳房，左右为厢房。正房一般是长辈的起居室，厢房是晚辈的起居室，这体现了华北人民尊卑有序的等级观念。

四合院构造巧妙，设计雅致，数量众多，尤其北京的四合院数量最多。它是一个封闭性的结构，对外只有一个门，关起门来就自成天地，具有很强的私密性。另外，四合院大多宽敞，四面房屋各自独立，只是用游廊连接，生活起居非常方便，非常适合居住。

（一）宅门：森严的社会等级观念

中国古人历来就重视宅门，因为宅门是住宅的出入口，是住宅的门面。封建统治者对门堂的建制作出非常严格的规定，让宅门在建筑的形式、规模、材料、色彩等各个方面都划分出森严等级，从而让宅门成为宅门人经济地位与社会地位的重要标志。

住宅的门大致有王府大门、广亮大门、金柱大门、蛮子门、如意门、墙垣室门。

1. 王府大门

王府大门是皇家宗室专用的宅门，是四合院里级别最高的。最常见的规格是三间一启门和五间三启门。三间一启门指是的三间房的宽度，一扇门。

2. 广亮大门

广亮大门，又称"广梁大门"，是四合院宅门的一种，在等级上仅次于王府大门，高于金柱大门，是一定品级的官员才能使用的。广亮大门是北京四合院最具有代表性的大门。它的特点是台基比较高，大门构架的主体是前后檐柱和中柱，台基与柱子的高度一般高于倒座房。

3. 金柱大门

金柱大门跟广亮大门一样，也是一定品级的官员才能使用的，但是它的等级明显低于广亮大门。金柱大门的门设在前檐柱和中檐柱之间的金柱上，而广亮大门的门则设置在中柱上。因此，相对于广亮大门的门前空间，金柱大门的空间相对较少。

金柱大门的木构架一般采取五檩前出廊式，少数采用七檩前后廊式，平面列三排或者四排柱子：前檐柱、前檐金柱、(后檐金柱)、后檐柱。金柱之上承三架梁或者五架梁，檐柱和金柱之间施穿插枋或者抱头梁。

4. 蛮子门

蛮子门是中国古代建筑的一种屋宇式大门，等级制度高于如意门，而低于王府大门、广亮大门和金柱大门，是一般商贾富人的一种宅门形式。

蛮子门省掉了大量的门前空间，是直接将槛框、门扉等安装在前檐柱间的一种宅门，门扉外面几乎没有容身空间，据说这样是为了避免小偷在门前停留。

蛮子门一般采取五檩硬山式结构，平面有四根柱子，柱头上置五架梁。山墙、墀头、戗檐、宅门处都以砖雕作为装饰，门框上有四颗门簪，没有雀替，门枕抱鼓石有方的也有圆的，并无定式。

5. 如意门

如意门是北京四合院里使用最多的门。它门上有两个门簪，多刻有“如意”二字，所以称之为如意门。

如意门的基本做法是在前檐柱之间砌墙，在墙上居中的位置留下一个尺寸适中的门洞。在门洞内安装门槛、门框、门扇以及抱鼓石等基本构件。

由于如意门这种宅门形式，不受等级制度的限制，所以多为百姓使用，可以随意进项装饰。它根据主人的兴趣爱好和财力状况而定，既可以做得朴素简洁、又可以雕琢得无比精美华丽。

6. 墙垣式门

墙垣式门是直接在墙上开门洞，在门洞内安装门槛、门框、门扇等。墙垣式门一般安装在较小和简陋式的四合院住宅中。它与独立屋宇式大门的区别在于在住宅墙上开门，并且在门的左右或者上方简单作一下装饰，因此也叫随墙开门。

(二)院落的封闭私密

四合院都是以院落为中心的封闭性住宅。四合院大体分为大门、第一进院、大堂、第二进院、书屋、住宅等，两侧有厢房，各房有走廊。其实，四合院就是三合院前面有加门房的屋舍来封闭。呈口字形的为一进院落，日字形的为第二进院落，目字形的为第三进院落。

大厅、内厅、正房、厢房等主要厅房都深藏于四合院内部，只有大门朝外，其他一概向内。从四合院的构成上看都可以看出它追求封闭性、内向性，从而使其本身具有很强的私密性。一方面，四合院非常适合独家居住，一家人在里面生活，是幸福美满的象征；另一方面，它也充分体现了中国传统伦理与道德对建筑格局的束缚与影响。

（三）宗族观念

四合院是中国的一种传统建筑，它的建筑风格都是以古代人的观念建造，体现了封建社会传统礼制与道德。

四合院自古就有“北屋为尊、两厢次之，倒座为宾，杂屋为附”的说法。这种说法充分反映了封建社会严格的等级观念，体现了君臣有义、父子有亲、夫妻有别、长幼有序。

（四）外观规矩、中线对称、规模不同

四合院作为中国传统古建筑，典型的特征就是外观规矩、中线对称。它有大小格局之分，都是保持四面房屋合成一个方形的院落为基本布局。一个院落称之为一进四合院，两个院落称之为两进四合院，以此类推。但是所有大小四合院都是以南北纵轴对称布置和独立的院落为其基本特征。

四合院的规模也不相同。各种四合院，无论大小，都是以四面房屋围合的庭院构成。最简单的四合院只有一个院子，比较复杂的有多个院子。至于富贵人家居住的深宅大院则是由许多四合院并列组成，中间隔着一道墙。

二、窑洞的历史发展

颇具特色的窑洞当属西北黄土高原的窑洞。关于窑洞，在由路遥所著的著名小说《平凡的世界》改编的电视中就有呈现，主人公孙少安和孙少平家居住之处便是陕北特色的窑洞。

考古学家发现窑洞早在龙山文化时期就已经出现。夏、商、周时代，出现了许多房屋建筑，但陕北地区的穴居依然存在，这与陕北地理特点有很大关系。到了周朝时，陕北窑洞分布较广。

西汉时期，窑洞的设计不只是为了遮风避雨，对窑洞的设计也更加符合人们生活的需要，人们根据生活需要在窑洞内划分了不同区域。

隋唐时期，一些窑洞成为粮仓被用做官方政府储粮，与此同时，窑洞的种类也越来越多，作为居住的场所，窑洞按照不同的功能进行了分类，有专门用作厨房的灶房窑、用于饲养牲畜的牲畜窑、客屋窑等。

元代，窑洞的形式不断发展从而出现了砖石窑洞。明中叶，窑洞的发展达到最高峰，窑洞的设计不断完善，人们将窑洞前面的墙，用石材砌成。明末清初，窑洞前面的墙的设计材质被石材替代，用石材砌成的整个的窑洞随后也逐渐出现。之后由于砖的大量生产，砖窑洞也不断出现。总之，窑洞的材料不仅限于最初的就地取材，随着不同材质的出现，这些材质不断被用于窑洞建筑中。窑洞其自然的优势，使得其不仅成为普通农民的居住选择，一些官绅阶层也不断兴建窑洞，至此大批窑洞逐渐兴起。

清朝时期，大量以窑洞为主体的城堡建筑群出现，这种建筑是由高大的土墙将窑洞院落围起来，其高大的特点有利于抵抗或防御外敌与盗贼，为此这种建筑被称为堡子。此后，窑洞的规模不断由山区覆盖到城镇，由许多窑洞组成的村落已经出现，“窑洞城市”也慢慢形成。除作为居住场所外，窑洞也被用作商铺、客栈、学校、仓库等。现在留存下来的古窑洞大多建于明清时期。

窑洞主要分布在以黄土高原为中心的六个窑洞区，包括陇东窑洞区，位于甘肃东部与陕西接壤的地区；宁夏窑洞区，位于宁夏中东部；陕西窑洞区，主要位于陕北；晋中南窑洞区，位于山西中南部的吕梁山区；豫西窑洞区，位于河南郑州以西和伏牛山以北的黄河两岸；冀北窑洞区，位于河北西北部，太行山以东的地区。

窑洞只有一个朝向、一个面，叫窑脸，是窑洞的正面。窑脸包括窑壁，即窑洞正面拱形之外的部分，是削掉拱形的墙壁。拱形两侧的窑壁叫做窑腿。窑脸也包括窑间子，即作为窑洞里面与外面界线的部分，也叫窑口。窑壁与窑间子的距离一段叫窗圆口，也是一个拱形。窑间子上有门窗和槛墙，槛墙是砌在窑腿之间的矮墙，也叫窗台，当然要留出门的位置。槛墙上的窗户叫槛窗，上面的窗户叫顶窗，顶窗的最上面叫脑窗。窑脸还包括窑檐，即屋檐。除了窑洞正面，窑洞的外顶，叫脑畔。脑畔边沿垒的女儿墙，陕北叫花栏子。窑洞内，前后为前窑和后窑，最里面叫窑掌，窑掌可以指窑洞最里面的空间，也可以指与窑间子相对的里面的那个拱形面。用于窑洞的量词是“眼”，比如“一眼窑”。在陕北，窑洞通常的称呼是“窑"而没有“洞"，后者是天然形成洞穴。

三、镬耳屋的历史发展

镬耳屋的历史起源暂还无研究能确定。但关于这一民居建筑，民间有一传说，在明朝时期，有在朝为官者告老还乡，皇帝问其是否有什么要求时，这一官员提到，希望能在自己家乡建造一类似于皇家建筑的住所，用于怀念皇上，由此，具有岭南风格的镬耳屋便建起。

明末时期，镬耳屋的主要代表位于当前广州增城的坑贝村，这一建筑的主要特点为，其主要以建筑群的形式分布，呈棋盘式布局，但每一建筑的形式基本上一样，均为硬山顶，绿色灰筒瓦组成。

民国时期，镬耳屋这一建筑的形式也受到西方潮流的影响，这一时期的一些建筑融合了西方风格与中国镬耳屋的原有风格。其主要代表建筑位于当今的清远市阳山县七拱镇的大禾岗学发公祠。其主要在建筑的壁画、花纹上融合了西方建筑艺术。

镬耳屋屋顶两边设计成镬耳状，造型象征官帽两耳，此设计不但表明屋主知书识礼，而且较为富有。它是岭南建筑的代表。在元、明、清时代，镬耳屋不是寻常百姓随便可以建的，它有"独占鳌头"之寓意，只有拥有功名的人才能建，整座建筑墙体高耸严整，有种肃穆之感。

镬耳屋以珠三角地区及广东西部地区的民居建筑为主要代表，潮汕、客家的民居建筑亦有类似镬耳山墙。在当时可是家境殷实的象征，所用材料讲究，而且造工精细。如镬耳屋所用的青砖，以打磨的水磨青砖为上乘，若非大富之家，是用不起也住不起的。又如屋两边的镬耳，其结构从檐口至顶端用两排瓦筒压顶并用灰塑封固，处理收口的工艺，是整座建筑工程难度最大，造价最贵的地方。镬耳屋的主要特点及造型风格主要体现在民居、祠堂、家庙、第府、文塔建筑实物中，其主要以讲究地理风水和风俗观念为思想依据，并结合科学的规划布局。这些都集中反映着岭南地区建筑的主要特征与表现风格，其建筑材料大多用青砖、石柱、石板砌成，建筑的外墙壁均有花鸟图案，主要为花草虫鱼等寓意吉祥的图案。两边高耸的墙体呈镬耳形，从侧面看就像一个“凸”字，而被称为”镬耳屋”。镬，是古时的一种大锅，镬耳屋，也被称为“锅耳屋”。镬耳状建筑还具有防火，通风性能良好的特点。若有火灾发生时，高耸的山墙可阻止火势蔓延和侵入；微风吹动时，山墙可挡风入巷道，进而通过门、窗流入屋内。民间还有“镬耳屋”蕴含富贵吉祥，丰衣足食一说。

内里格局基本为“一厅两房”，部分是“一房两厅”，且多为砖木结构，青砖砌墙，阶砖铺地，白石围井，处处无不透着南方人的灵巧与细致，历经百年沧桑，依旧屹立不倒。

细致“镬耳”为身份象征，镬耳大小形状不一，古屋间也有身份之别。大户人家屋中，屋顶镬耳状的瓦片装潢细致入微，清晰可见的瓦中雕刻，花鸟虫鱼，寓意吉祥。“谁家镬耳大，选材讲究，装饰堂皇，谁家就越有财势。”在清朝时期，镬耳屋在岭南当地盛极一时。

四、天井的历史发展

天井是徽州建筑，据相关研究表明，徽州建筑主要与明朝中叶徽商的发展相关，且其建筑特点与巢居的历史息息相关，其融合了干栏木楼建筑及院楼式建筑的特点发展而来。

所谓天井，也就是露天的院落，其基本的构成就是以横长方形天井为核心，以四面或者左右后三面围着房屋。南方天气大多比较炎热但是多雨潮湿，多是山地和丘陵，人多地窄，人民注意通风防晒，极其注意防火防水，因此喜欢建造结构紧凑密集的天井式民居。

天井式民居因为有狭高的天井，阳光射入比较少，但有利于通风。正房正面天井，完全敞开，可以见天日。四面或者三面的房屋因为有天井，都可以向天井排水，称之为“四水归堂”，寓意财富不外流。

天井式民居基本上是呈“口”形或“Π”形，如果在正房后面再加一个天井，布局就会变成“U”形或“H”形，堂屋就会有穿堂风，凉爽宜人。如果在天井后面再加盖楼房，布局就会变成“日”字形或“R”形。

主要以安徽徽州地区最为典型。徽州民居的布局和结构自由紧凑，平面多沿轴对称。民居以天井式为单元，组成全家活动中心。天井少的有两三个，多的几十个。一般民居都是三开间，比较大的住宅有五开间。随着家庭人口的增长，单元还可以增加，符合徽州几代同堂的习俗。

五、土楼的历史发展

土楼是客家人的民居，土楼主要分布在福建省西南部地区以及广东省东北部地区的一些市县中，其中福建省永定县的土楼是规模最大，最为壮观的。土楼的产生与演变同客家文化息息相关。土楼的产生源于客家人迁移，在西晋时期，中原战争频繁，处于黄河流域的一些汉人为了躲避战争，一同南迁，分别来到福建及广东等地区，移居后，这部分汉人被称为“客家人”。尽管迁移需要适应当地的环境文化，但客家人依然通过客家话及民居建筑的形式建立了客家文化，其中客家民居土楼是很重要的一部分。客家人以群聚一楼为主要方式，楼高耸而墙厚实，用土夯筑而成，称为土楼，此外“土楼”其名称也是与“洋楼”相对的，主要是没有集中供暖和燃气管道的简易低层楼房。

在宋元时期，客家土楼处于初步的形成阶段。这一时期的土楼规模较小，结构较为简单，大多数没有石砌墙基，土楼的装饰也很粗糙，形式上大多数是正方形或长方形。

明代，客家土楼进入了发展阶段，这一时期主要受经济、文化的影响，土楼的数量不断增加，形式不断多样化。这一时期，大多数居民有着“学而优则仕”的想法，这一时期的教育不断受到重视，而通过这一方式为官者，大兴土木，兴建土楼，使得土楼不断增加且逐渐成型。

清朝之后，土楼逐渐发展到鼎盛阶段，随着丝绸、茶叶等加工业的不断兴起，这些产品被销往全国及东南亚各个国家。经济水平不断提高的同时，居民对住宅的要求也逐渐提高。此外，由于人口的增长，为维护家族的共同利益，建造更大规模的楼房成为必然趋势。为使众多的宗亲几十人几百人聚族而居，适应家族的兴旺，居住的安全，殿堂式的土围楼以及方形、圆形等丰富多姿的土楼都拔地而起。这些土楼规模宏大、类型多样、工艺精湛、装饰华丽。此后，受外来文化的影响，部分土楼的建造形式也有一定的变化。

当前时期是土楼的延续时期，其主要特点为注重实用性，结构简练，缺少华丽的装饰。

土楼属于庭院式住宅。土楼因分布于不同地区，形式和做法上也略有区别，但由于客家土楼是客家人迁居后为稳定而产生的，因此在形式上有许多相同点。主要表现在：首先，土楼以祠堂为中心，祠堂是客家人聚集生活的主要地点，供奉祖先的中堂被安排在建筑的正中央；其次，不同形状的土楼都是轴对称的，并且具有北方四合院的格局，因为土楼主要是由北方人南迁后根据南方气候环境建造的。其主要的形状特点主要有：

第一，出于防卫需求，土夯外墙高大厚实，福建永定一带土楼墙一般厚达1~1. 5米。沼安“在田楼”厚达2. 4米，在做法上把竹筋、松枝放入土墙，起加筋作用，再配以石块混合，进行夯筑后十分牢固。第二，地处南方，注重防晒，在内墙、天井、走廊、窗户处及屋顶部分，将檐口伸出，利用建筑物的阴影，减少太阳辐射热。第三，在建筑物内部，采用活动式屏门、桶扇，空间开敞、通透，有利空气流通。第四，外环楼层开箭窗，呈梯形，外小内大，既可防卫，又宜采光。第五，选址注重风水，并保留北方住宅坐北朝南的习惯，宅基“负阴抱阳”，一些特殊情况如受禁忌、避煞等限制，可朝东或朝西，但不得朝北。靠近河流或水塘，但忌讳背水。背靠大山或丘陵，左右两侧有小丘陵。

土楼中颇为著名的有“振成楼”，被称为“土楼王子”。楼内流传着许多故事。

振成楼建成至今已有近百年的历史。这座圆楼，占地五千平方米，耗资八万光洋，费时五年建成。大门上的门联“振纲立纪，成德达材”依然清晰可见，其中楼名“振成楼”中“振成”两个字位于联首，表示楼主对上祖林福成、林丕振的敬重和纪念，其含义为国与家都要遵纲守纪，才能教化、造就有德有才之人。

振成楼大门，门厅门楣上刻着“里党观型”四字，意思为“乡里邻里学习看齐的楷模”，上面还印着当年北洋政府总统黎元洪印。主要因为，楼主林逊之当年在做参议员时，与时任参政院院长的黎元洪共过事，黎元洪深知林家祖上积德行善，故在振成楼落成时赠匾褒奖。现在，楼中厅堂墙上显眼处也仍可见五幅横批，都是当年黎元洪大总统的题词。

振成楼由内外两环楼构成。外环楼高四层，每层四十八间，按《易经》的“八卦图”布局建造，卦与卦之间筑青砖防火隔墙，墙中开设拱门，关门自成院落、互不干扰，开门则全楼相通，连成整体。这是振成楼的一大建筑特色。

内环楼分两层，一楼的镂空屏门和二楼的走廊铸铁栏杆，古朴典雅。内环楼当中仿西洋式装修的中堂大厅，宽敞明亮，是一个多功能大厅，是全楼人婚丧喜庆的场所，又为族人议事聚会的大厅，还是接待宾客或演戏观戏的地方。厅中石柱石梁构架支撑，呈三角形屋顶，酷似希腊雅典的神庙，石柱、石梁重达数千斤。

“土”、“洋”相对，在振成楼中得到鲜明体现。砖木结构仿西洋式装修的内环楼，与架梁式土木结构的外环楼有很大区别，有“外土内洋，中西合璧”的特点。

第四节　中国代表性民居建筑

一、北京四合院

四合院又称四合房，起源于黄河流域，是华北地区居民住宅中的典型建筑形式，是一种木构架建筑。这里的“四”即指东南西北四面，“合”即指合在一起，即正房、倒座、东厢房和西厢房四所房屋围合在一起，形成一个闭合的“口”字型。

(一)四合院的整体布局和结构

四合院一般以坐北朝南为主，房屋分布是北房(正房)、南房(倒座房)和东西厢房，四周以高墙形成四合，一般开一个大门供出入，关起门来自成天地，具有极强的私密性。一家人居住在一起，尊老爱幼、和和美美、和睦相处，充分体现了中华民族厚重的人文色彩。同时，四合院还具有中轴对称的特点，左右平衡，方方正正。四合院虽然规模有所不同，最小的为一进四合院，即寻常老百姓居住的房子，只有一个院落。大者则多达七进、九进院落，例

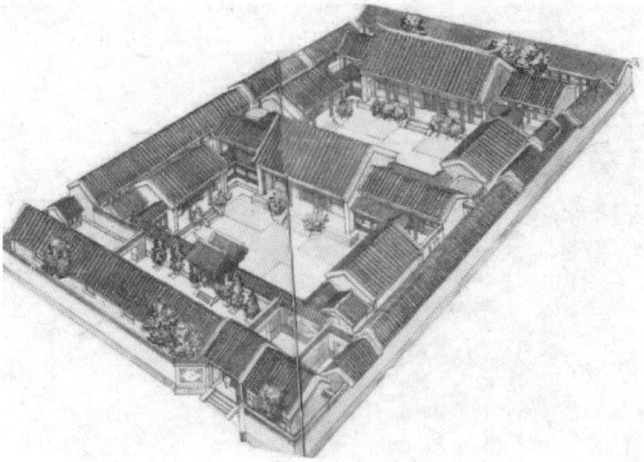

四合院整体图

如，世界最大的四合院——恭王府，总面积为一百多亩，恭王府集皇家威严与民间精巧与一身，组成了恭王府文化的精髓。

(二)北京四合院

四合院产生年代较为久远，但是北京四合院则起源于元代。忽必烈正式建都北京后，大规模规划建设都城时期，四合院就与宫殿、衙署、街区、坊巷和胡同同时出现了。元末熊梦祥所著《析津志》记载："大街制，自南以至于北谓之经，自东至西谓之纬。大街二十四步阔，三百八十四火巷，二十九街通。"就是描述的这一景象。明清以来，四合院根据居民习惯不断进行改良和完善，至清代，发展至巅峰，形成了独具风格和魅力的建筑风格和特色。清朝末年民国初期，北京四合院受到西方文化的冲击，在建筑风格上受到西洋建筑的影响，出现了发展和变革的新面貌，但整体保持了明清时期的形制。

1. 北京四合院的形制

北京的四合院属于砖木结构的建筑，红漆大门、青砖灰瓦。院落一般为坐北朝南的矩形院落，大多位于东西向的胡同之间，大门开向宅南的胡同，正房门与宅门方向要一致。据资料介绍，四合院把宅门开在南面是有讲究的。首先，是由于元朝忽必烈建都时的棋盘格局规划所框定，南北为街，东西为巷，而这里的巷就是串连各个住户的通道，所以宅院大门朝南为宜；其次，则与传统的建筑风水有关，北京地区的阳宅风水术讲究"坎宅巽门"，"坎"为正北，在"五行"中主水，正房建在水位上，可以避开火灾；"巽"即东南，在"五行"中为风，进出顺利，门开在这个方向以图吉利。最后，则是因为气候的原因，

华北地区风比较大，冬季风从西北方来，而夏季风从东南来，门开在南边，则冬可避免凛冽寒风，夏可迎风乘凉，舒适宜人。大门的其他方面也有讲究，比如，一般是黑漆大门，上面可以贴红油黑字的对联，大门则由门扇、门框、腰枋、走马板、塞余板、连槛、门枕、门簪、门槛、插关、门钉、兽面、门联等部件组合而成。进了大门之后，走过外院，进入垂花门，也就是我们俗称的二门，它主要是为了分隔内宅和外院而建造，是四合院最华丽的装饰门。内宅则是由北房(称为正房)、南房(又称为倒座房)和东、西两边的厢房组合而成。

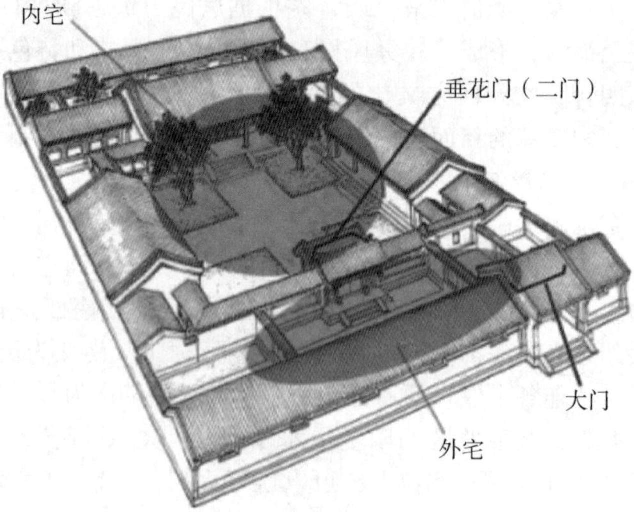

2. 北京四合院的设计特点

(1)私密性

私密性这一特点，在四合院的宅门处便体现得淋漓尽致，宅门并不处于整座宅院的正中间，且宅门后面有影壁进行遮挡，如若有客人上门，必须先经过影壁进入宅院，主人招待客人也就有所准备。

(2)封闭性

北京四合院是以院落为中心的封闭性良好的宅院。整组建筑群，只有宅门即大门坐北朝南，朝向外部，其他一概向内。大厅、内厅、正房、厢房全部深藏于宅院之内，院内房屋大门一向面向庭院或者天井。将宅门一关闭，即形成一个封闭性极佳的院落，适合独家居住。

(3)伦理性

四合院内如何居住，也严格遵循尊卑有别、长幼有序的基本道德原则和规范。作为四合院核心的正房，也称上房，一般都位于院落中轴线上，坐北朝南，是每座院落中体量最高大、建筑等级最高的建筑，四合院中的其他建筑则以它为基准而展开。正房正中一间称堂屋，地位最高，祖宗牌位设置于此，通常是举行家庭礼仪、接待尊贵宾客等重要家事活动的地方。

卧室则在堂屋两侧，东侧卧室住祖父母，西侧卧室住父母，反映出古代以左为上的观念。东、西厢房亦是如此，厢房是晚辈居住的地方，通常是家里的大儿子、三儿子住东厢房，二儿子、四儿子住西厢房。

未出阁的家中女子需住在院子最深处的后罩房，如无后罩房，便会住在正房两侧的耳房。日常生活中，女眷无故不出内院，外人无故不入内宅，即古人所谓的“大门不出，二门不迈”。垂花门是内院与外宅的醒目分界线，所谓的“二门”指的正是这道垂花门。只有踏过这道门，才意味着真正进入了主人家生活起居的地方。

二、天津大院

(一)天津大院

院落作为中国传统建筑中最基本的形态之一，充分展现了我国古代人民“天人合一”的哲学思想，成为我国历史最悠久、最常见的一种居住的空间形态。院落的居住场所既满足了人们的生活起居的需求，也满足了人们群居生活的精神需求。宅院也是天津的一大标志性建筑，比较有名的有号称“华北第一民宅”的石家大院、具有一百五十多年历史的安家大院、以及宁家大院等。

(二)天津石家大院

天津石家大院，现如今为杨柳青民俗博物馆，位于天津市西青区场柳青镇，是清代天津八大家之一石万程第四子石元士旧宅，称尊美堂。其建筑规模极其宏大，布局合理，结构独特，有“华北地区第一宅”、“天津第一家”的美誉。

石家大院于1875年开始修建，后经不断拆改和扩建，于1923年，宅邸大致建成。占地6千多平方米，建筑面积达两千九百平方米。由大、小四进院落组成，堂院坐北朝南，南北长96米，东西宽62米。

整个建筑包含十二个院落，所有院落都是正偏布局，四合套成，院中有院，院中跨院，院中套院。建筑群共包括278个房间，18个庭院。包括贵宾接待厅、南花厅、佛堂等。

1. 石家大院之甬道

石家大院的甬道长达100米，这条大青方砖铺成的甬道也是整个石家大院的中轴线。在这条甬道之中贯穿了三座门楼，三级台阶分别立于门楼之下，走到甬道的尽头就是石家大院的后门。同时，越往甬道的后面走地势越高，前后相差有2.08m，其主要功能是将院内的积水排放到大运河内，同时，甬道也是大院的重要交通通道和消防通道，亦有步步高升，连升三级的寓意。

2. 石家大院之长廊

长廊东临戏楼等主体建筑，西侧连接西跨院及石家大院的花园，是进入西侧各院的主要通道，与甬道的长度基本相等。其主要作用是可以遮风挡雨，如遇雨雪等恶劣天气，可以从长廊南端平安门到达石家大院的东西各院。

3. 石家大院之防护设施

石家大院防护设施包括取暖设施、防潮以及防碱设施。石家大院内部的房屋取暖均采用火坑，而在石家大院的客厅和戏楼里，则采用的是地炉取暖。这种地炉取暖设备在民间属于罕见，是当年石家从宫廷学来的。

而防潮、防碱设施的设计主要是因为天津靠海，盐碱十分严重。所以，整体建筑都是由青石高台组成的石家大院无形之中也形成了一条紧促环绕的花边，在大院靠近地面的一层均设有一层宽 8cm 的透气孔，并雕成葵花的图案，既具观赏功能，也具有防潮的功能。

三、徽州民居

“一生痴绝处，无梦到惠州。”这是明代戏剧家汤显祖对徽州圣地发出的赞叹之声。徽州民居也称徽派民居，是中国传统民居建筑的一个重要流派，是徽州地区特有的传统风格的民居。徽州，包括现今安徽黄山市、绩溪县及江西婺源县，具有两千多年的文化历史积淀。徽州有“八分半山一分水，半分农田和庄园”的形容和赞美。徽州境内群峰参天，山丘屏列，岭谷交错，有深山、山谷，也有盆地、平原，波流清澈，溪水回环，到处清荣峻茂，水秀山灵，犹如一幅风景优美的图画。徽州地处北亚热带，属于湿润性季风气候，具有温和多雨，气候潮湿，为了摒除瘴气，逐渐形成了具有徽州民居特色的“干栏式”住宅形式，而后，一些中原人搬迁至此，徽州民居逐步演变成为“干栏式”与“四合院”相结合的风格。

（一）徽州民居

徽州境内依山傍水，峰峦叠嶂，地少人多，由于地处深山僻壤之中，历史上的徽州很少受到战争的的侵袭和破坏，不仅如此，这里由于地势的原因，还成为了历朝历代逃离战乱的世外桃源。

1. 依山傍水的村落选址

徽州传统民居一般修建于风景秀丽的地方，而徽州的地理位置位于皖浙赣三省接壤的地方，外围群山环绕，受黄山、天目山、九华山、白际山、五龙山包围，而且水系发达，中央形成了局部谷底和平原，溪水流淌而过。这样依山

徽州民居一览

傍水、山清水秀也非常符合徽州人追求显山露水的选址原则。总部构图讲求与自然地形环境的契合，体现了“天人合一”的思想。这种依山傍水的规划布局也遵循了传统风水理论中“负阴抱阳，背山面水”的理念。这样既可以最大限度地接受阳光的照耀，也可以极大地避免冬天的严寒侵袭。

2. 方整对称的平面布局

徽州民居的建筑是以木构架承重，以砖砌墙作为外面的围护结构。在建筑上多采用当地盛产的石头、木材等，并且注重保留建筑材料本身的颜色和质感，不强加任何的粉刷漆涂，充分体现建筑材料本身的原有特点。徽州传统民居的主要格局为：入口、大门、天井、厅堂(两侧为厢房)、后天井、祠堂。徽州民居注重大门的修建，当地人素有“十分建楼，七分建门”的说法。

3. 素雅淡泊的色彩主调

总体来讲，徽州民居以黑白为主，当然也有一些现存的老建筑以灰色为主，这种黑白灰为主调组成的色彩格调，体现出的是一种清秀简洁，像古时候的水墨画一样具有古朴淡雅的韵味。“青瓦出房檐，马头白粉墙”就是徽州传统民居色彩的真实写照，屋顶的青瓦与墙面的白色形成鲜明的对比，给人以强烈的视觉冲击。黑色的砖瓦透露出幽静深邃的特色，白色的墙面则显得纯洁无瑕，在依山傍水之中让人们的内心得到平静。

4. 精湛淡雅的徽州雕刻

徽州传统民居由门、窗、墙漆、墙面和屋顶等元素组合而成。虽然外形具有古朴典雅的特点，但是在徽州民居建筑的内部却存在着华美的装饰，注重功能与艺术的完美融合，徽州民居内的雕刻并不添加多余的粉饰，充分体现出雕刻材料本身的质感，朴素而又不失典雅气息，由此形成了著名的“徽州三雕”，即砖雕、木雕以及石雕。

（二）徽州宏村

宏村镇，位于安徽省黄山市黟县东北部。地理坐标：东经 117°38′，北纬 30°11′，占地面积 187 平方千米。2000 年 11 月 30 日，宏村被联合国教科文组织列入了世界文化遗产名录。宏村有“画里乡村”之称，截至 2014 年，全镇保存完好的明清民居 140 幢，主要景点有：南湖春晓、书院诵读、月沼风荷、牛肠水圳、双溪映碧、亭前古树、雷岗夕照等。

宏村与水有着密不可分的联系，选址原则“以水为先”，符合宏村人民在水边居住、生活以及日常劳作的需要，也符合他们内心深处对水、对自然所保持的特殊情感。

天井也是徽州建筑的一大特色，天井虽然面积不大，但是作用十分强大，起着室内采光和地沟排水的作用。同时，徽州民居的天井院四面屋顶多为单斜坡设计，这样则可以将雨水都汇入天井之中，叫做“四水归堂”。徽州人将水比喻为财富，“四水归堂”则意为财不外流。

四、山西晋中大院

山西位于黄河中游，黄土高原的东部，东逾太行山，西渡黄河，属暖温带气候，且山西是一个被黄土广泛覆盖的山地和高原，地貌类型较为复杂。当地居民结合本地区的自然条件，因地制宜，创造出了丰富多彩的建筑民居，由最简单的穴居到村里深邃富丽的住宅院落，到城市中紧凑细致的讲究房子，无一不彰显出山西的民居特色。山西晋中大院在明清时期随着晋商的发展迅速崛起，晋商在经营之中所获得的巨额财富也为山西大院的修复奠定了经济方面的保障。同时，晋商常年在外经商，开阔的眼界也促进了山西大院建筑风格的提升。

(一) 山西晋中大院的整体布局和结构

山西晋中大院是中国民居建筑典范，以深邃富丽著称，建筑宏伟，精雕细刻，兼具南北建筑文化于一身。这里的建筑群将木雕、砖雕、石雕陈于一院，绘画、书法、诗文熔为一炉，人物、禽兽、花木汇成一体，姿态纷呈，各具特色，充分体现了山西劳动人民的卓越才能和丰富的艺术创造力。

山西晋中大院的建筑以木构架作为称重结构。这种做法适应山西建筑群屋面厚重，承载量较大的特点，既可以保证房屋的架构稳定，又可以分开构建，便于拼装施工。由于明清时期商业繁盛，山西的富商众多，所以，在木架构的外围多砌有厚重高大的砖墙，形成森严的气势。

一般院落多由大门倒座、过厅、正房以及前后两院的厢房组成。厢房后墙与正房、过厅、倒座山墙齐平，故形成较窄长院落。较大的院落则由几组类似院落并列而成。正房多为2~3层阁楼，上下楼采用室内木梯联系。过厅常采用卷棚梁架结构，围护结构多采用木板、隔扇，明间为通道，两侧为住房。

(二) 乔家大院

乔家大院被许多专家学者誉为“清代北方的民居建筑的一颗明珠”。更有俗语“皇家有故宫，民宅看乔家”之说，其中的建筑工艺以及建筑风格可见一斑。乔家大院又名“在中堂”，是清代有名的金融资本家乔致庸的宅院。乔家大院始建于清朝乾隆、嘉庆年间，其中的建筑群体风格独特。外视宏伟高大，内则富丽堂皇。院内斗拱飞檐、石刻砖雕、牙板楼、彩绘金装随处可见，工艺精湛、各具特点，显示出我国古代劳动人民的高超技术与水平。

1. 乔家大院的形制

乔家大院经过前后两次建造之后，逐渐成为现今的全封闭式的城堡建筑，三面临街，与其他民宅不相连接，外围也用十多米的封闭砖墙高高垒砌，还有专设的更楼、眺阁等，为夜间打更护家使用，外观大院气势雄伟，威严高大。内在却井然有序、布局严谨。这也符合中国人一向的含蓄风格。

乔家大院内所有院落出入口都是由一个正房与两个厢房、倒座组合而成，通常正房处于整个院落的中轴线上，中轴线对面左右两侧为东、西两个厢房，面朝北与正房遥相呼应。入口往往位于东南脚上，与倒座融为一体，形成单进院，再与垂花门、外厢房和过厅组合成进深串联式二进院、三进院，并与侧院并联。正院通常由主人居住，偏院则主要是客房、佣人房、灶房、柴房等。

2. 乔家大院的设计特点

(1)中庸独立

独立与中庸是我国传统文化中伦理思想的核心内容之一。中国传统的“中庸”哲学提倡“中和”。这里所谓的“和”，指个体与群体的和谐以及个体与个体的和睦。“中”指适中，适度，它是实现“和”的前提条件。乔家大院从布局到装饰、从名称的命名到各建筑物的组合，都体现了独立与中庸的思想。

从命名看，乔家大院原来的名称叫“在中堂”，意为“不偏不倚，执用两中”，很符合儒家伦理思想的中庸准则。从布局看，乔家大院以烘托群体的气势与和谐为主题。整个建筑以序列向平面展开，左右延展，形成简明而有序的空间组合。

(2)天人合一

中国传统文化讲究天人合一，强调人与自然、人与人和谐一致的思维模式和价值取向，成为中国民宅建筑史上恪守的建筑哲学。在乔家大院这座组群建筑中也体现得淋漓尽致。

首先是人与自然的和谐，北方地区的天气偏寒冷干燥，冬季自然植被稀少，色彩较为单调，所以在乔家大院的内饰设计和建筑物的色彩选择上，多采用暖色调，比如红色、黄色等，与北方的单一色调互补，给人温暖、明快、热情的感觉。同时，在布局方面，乔家大院也体现出了天人合一的思想，从空中鸟瞰，大院的整体像是一个“囍”字，象征吉祥如意，再次说明民宅往往在人事上“再现”“天意”，讲究“道法自然”。

五、客家土楼

福建土楼，因其大多数为福建客家人所建，故又称“客家土楼”。土楼产生于唐宋年间，当时受到五胡乱华、黄巢之乱等历史事件的影响，客家人数次南迁，最终定居在永定境内。最初他们建造的是相对简陋的堡或寨，主要功能是抵御外族人员的侵袭以及野兽的袭击，保证整个家族的安全，到了元朝后期，经历了不断演化的闽西客家土楼出现了福建土楼的初始形态；到了明朝末期，福建土楼的发展进入了成熟期，在建造工艺以及材料的使用方面都有了很大的进步。可谓历史悠久，具有风格独特、结构精巧等特点。以土、木、石、竹为主要建筑材料，利用未经烧焙的土并按一定比例的沙质黏土和黏质沙土拌合而成，用夹墙板夯筑而成两层以上的房屋。

福建土楼含福建省永定区的高北土楼群、洪坑土楼群、初溪土楼群和衍香楼、振福楼，南靖县的田螺坑土楼群、河坑土楼群、云水谣的和贵楼、怀远楼，华安县的大地土楼群。其中二宜楼位于华安县仙都镇大地村，它是我国圆土楼古民居的杰出代表，素有“土楼之王”“国之瑰宝”之美誉，它以规模宏大、设计科学、布局合理、保存完好闻名遐迩，为全国重点文物保护单位。

福建土楼作为福建客家人引为自豪的建筑形式，是福建民居中的瑰宝。同时又揉进了人文因素，堪称“天、地、人”三方结合的缩影。数十户、几百人同住一楼，反映客家人聚族而居、和睦相处的家族传统。因此，一部土楼史，便是一部乡村家族史。土楼的子孙往往无须族谱便能侃侃道出家族的源流。

（一）客家土楼的整体布局和结构

福建土楼的类型主要有三种，方楼、圆楼和五凤楼，除此之外，还有一些变异的形态。圆楼是福建土楼中最具特色的一种形态。客家土楼中圆楼的总数大多数为 3-4 层，直径为 30~50m，有通廊式和单元式两种。内部为木结构楼房，每一层都有不同的用途，一层为厨房和餐厅，二层通常为谷仓，三层四层大多做卧房使用。顺裕楼是目前现存的保存完整的直径最大的内通廊式圆楼，位于南靖县书洋村石桥村，直径为 74. 1m。

（二）南靖土楼

南靖县位于福建省南部，漳州市西部，位于九龙江中上游山区。南靖土楼

主要集中于书洋镇、河坑镇以及奎洋镇一带，福建土楼的代表。华安县沙建镇“齐云楼”，建于明洪武四年(1371 年)，至今 600 多年。直径超过 70 米的大型土楼有 5 座，最大的是诏安县官陂乡“在田楼”，直径达 94.5 米，有“超级土楼”之称。有圆、方、椭圆、半月、交椅、雨伞、风车、八卦等形状，各具特色，各领风骚，尤其是南靖县书洋乡田螺坑的土楼群，由一方一椭三圆五座土楼组合而成，气势磅礴，令人震撼。日本建筑学家茂木计一郎誉为“天上掉下的飞碟，地上长出的蘑菇”，联合国教科文组织顾问史蒂文斯·安烈称“是世界上独一无二、神话般的山区建筑模式”，对土楼申报世界文化遗产进行前期考察的美国专家内维尔·阿格纽认为“是我所见到的与周围环境相协调的民间建筑”，中国文物局、古建筑保护专家组组长罗哲文评价“看似千篇一律，实则不拘一格，各具特色”、“是世界建筑史上的奇葩”，上海同济大学教授路秉杰带领师生完成《福建南靖圆寨实测图集》后说：“没有看到南靖田螺坑的土楼群，不算真正看到土楼。”

1. 南靖土楼的形制

南靖土楼是以大木结构与夯土墙结合形成的混合结构组合而成。南靖土楼以多层围合式的集合住宅多见。而方楼与圆楼的布局也极为类似，也有通廊式和单元式之分。

2. 南靖土楼的设计特点

(1)布局严谨

南靖是中国传统夯土民居系统中，圆形与方形土楼最集中、密集相对较高的地域。而这种连片区域的土楼群落，也是这些村庄自其祖先开基以来就形成的，并被其子民所传承，这种传承造就了现如今的这种传统的宏伟建筑以及传

统的居住文化模式。南靖县大多为客家圆楼，圆楼具有便于采光、通风平均、节省建筑材料等优点。并且与方楼相比，圆楼的房间朝向差别不明显，更有利于家族内部的分配。同时，圆楼也比方楼有更好的抗震性能。

(2)功能齐全

在古代，闽西、闽南一带一直是战乱频发之地，因此当地人对居住安全有着较高的要求，福建土楼的设计由此应运而生。土楼内部高大坚实，可以囤积大量口粮，同时，每座也自备井水，水源充足可以保证长期御敌自保。进出的大门用厚实的杂木和铁板制成，土楼的墙体也很厚，可以防火、防震、御敌等。改革开放之后，土楼的防卫功能逐渐衰退，直到 21 世纪，福建土楼被列入世界文化遗产，南靖土楼彻底实现了从早期防卫到旅游观光的转变。

第四章　行

第一节　出行前的准备

一、出行前问吉凶

古代人出行是一种风险系数极高的活动，因为他们在路上有可能遇到劫匪杀人劫财，还有可能在旅途中生病一命呜呼。正因为出行是一种高风险的活动，所以古代人就显得特别的迷信。于是，他们出门前要找一个靠谱的算命先生算一卦。出门前问吉凶可以追溯到殷代，直到晋代，这也是古代人出行前必不可少的步骤。明代时期，专门为人出行准备的书籍开始畅销起来，人们就不需要去算一卦，只需出行前查阅一番。

二、翻阅“旅行手册”

其实在古代就有类似现代的“旅行手册”之类的东西，只不过那时候他们还不叫“旅行手册”。魏晋南北朝时期就出现了大量的“描摹各地名胜风景”的游记类作品，在唐朝之后，又兴起了记录“旅游路线”的作品。为了让读者更加直观地了解名胜风景，这时期还出版了配图版的书籍。它们不仅介绍了旅行路线，还搜罗了途经的名胜古迹，并给出详细的住宿建议、食宿交通的标准以及注意事项。

三、行李物品

(一)袖袋

中国古代人的衣服上是没有设计口袋的，但是这难不倒古人，他们在肥大的袖子里装上袖袋，可以将平时用的东西放在袖袋里。为了防止东西在手上下活动的时候掉下来，所以袖袋设计成袋口朝上，而且还配有翻盖。

(二)褡裢

褡裢是一种长方形口袋，中间开口，两端装东西，在我们民间长期使用。大的褡裢一般采用结实的家机布制成，两头可以放置信封便笺、印章印泥以及文房四宝等，可以很方便地搭在肩膀上，小的褡裢则可以直接挂在腰间。由此可见，褡裢方便实用，但是没有功能分区，东西很容易乱塞，而且还很容易发生被盗现象。

(三)包袱

包袱是一块四方形的布料，平铺在地上，里面放置所需要携带的物品，然后将两个对角打结在一起，剩下的两个角各自打结，最后形成包袱。包袱可以手提、肩扛或者挎在胳膊上。

(四)箱箧(qiè)

箱箧是指大小箱子。其中最为常用的是书箱。因为自古代实行科举考试后，书生进京赶考，需要携带生活用品和书籍，于是出现了专门供书生用的书箱。书箱由各种木料制成，例如紫檀木、酸枝木、黄花梨以及普通硬木。

(五)携带物品

中国古代人出行极其不方便，行李也很繁杂，生活用品和床上用品一般是要随身携带的。中药、蜡烛、茶叶等也是尽可能随身携带。由于古代住宿的客栈是没有专门的厕所的，所以夜壶马桶也是旅行必备。自唐朝以后，人们旅行活动开始频繁起来，对旅行质量也是日益提高。不仅要玩得巧，还要玩得雅。文房四宝、古琴、棋子都是随身携带的用具，有时候还携带歌姬，增加旅行乐趣。另外，古人出行有时候还习惯随身携带食物，以防万一。

四、道路

(一) 道路的定义

何为道路？古人是如何界定道路的呢？《尔雅·释宫》有记：“路、旅，途也。路、场、猷、行，道也。一达谓之道路，二达谓之歧旁，三达谓之剧旁，四达谓之衢……”

所谓达即通，一达通往一个方向，二达指没有岔道，三达指丁字形街，四达是两路十字交叉。在古时候，“道”和“路”是相通的，是普通人、车马经常行走的地方；比较宽阔的则称之为康、庄，也就是我们现在熟悉的“康庄大道”；岔路多的则名为衢、逵。

除了大路之外，还有我们比较熟知的小路。首先是“径”，如《史记·廉颇蔺相如列传》中有记：“怀其璧，从径道亡，归璧于赵”；其次是“蹊”，《史记·李将军列传》中的成语“桃李不言，下自成蹊”便提到了蹊；另外还有“冲”，也指的是交通要道、小路的一种。

(二)道路标志

1. 铜牌、木牌、石碑

早在公元三世纪，我国便出现了一种记录里程的道路标志——铜牌。宋太宗太平兴国八年，朝廷下诏规定从京都至各州县，都在城内主要交通路口悬挂刻有“仪制令”的木牌，到了这时木牌便代替铜牌在各州县作为指示标志，有的州县则进一步发展，采用刻字的石碑标志。如现今的山西省灵涯寺大殿左夏房中便保留有一块刻有“仪制令”的石刻碑，在碑上还刻着：“贱避贵、少避长、轻避重、去避来”，意为普通的平民百姓要给达官显贵让路，年轻者要给年长者让路，载物轻的车马要给载物重的车马让路，出城者要给进城者让路。这样的道路标志虽然带有浓厚的封建社会等级意味，但其实和现代的“礼让先行”的道路标志有着异曲同工之妙。

铜牌

2. 堠

“堠”是指固定一定里程数的土堆。那么按照“堠”来记数的里程则相应地称之为“堠程”，管理“堠”的官吏称之为“堠吏”。根据史料记载，早在东汉，我国就开始使用“堠”作为道路里程标志。《后汉书·和帝纪》中写道：“旧南海献龙眼、荔枝，十里一置，五里一堠。”意为旧时上贡龙眼、荔枝的途中，即从广东到中原转洛阳的路上，每十里设一驿站，五里设一堠，以作标记。“堠”这种道路标志虽然简单，但能够让出行的人了解道路里程的远近，这也是今天随处可见的道路里程碑的开端。

3. 种树

标记里程除了用“堠”这种土堆外，古人还在道路两旁以种树的方式记录历程。《国语·周语》中记载：“列树以表道。”意为种植成列的树木以标示道路。古代种植在道路两旁的树木品种繁多，如榆树、杨树、槐树、柳树等，像柏树、松树、梧桐树或者果树则会被种植在较为重要的干道上。东汉时期十分重视在道路两旁种树的风尚，不仅是在道路上种植一般树木，还会在交通要道及宗庙、宫室和陵园的道路旁种植梧桐树之类。出行的人只要按照树的指引走便不会迷路，因此种树也是一种道路标志。

4. 杈子

“杈子”这种道路标志在中原地区较为流行，是设立在官府宦宅前阻拦人马通行的木架。“杈子”在古时候也称为“梐枑”、“行马”，俗称“拒马叉子”。

5. 草标、挡箭碑

土家族人有一种独特的道路标志，即草标，是一种指路暗号。因为土家族人生活在崇山峻岭中，所处之地人迹罕至，难以识别鸟道兽路，因此为了防止土家人误入“歧途”，他们在歧路口设起“草标”。土家族人一看到“草标”就知道哪条荒径是险路，但由于这是族内的路标，所以外地人往往不知。于是为了让普通的行人也免于误入鸟道兽路，土家族人会在寨子的路上设立指路碑，碑的上方横向刻有“挡箭碑”三个字，碑身正中则刻有“开弓断弦”四字，碑的两侧再刻着“左走某某”地名，“右走某某”地名，因此这种指路碑就被称为“挡箭碑”。普通的行人走到此处，虽然路径崎岖险阻，但也不至于迷路。

6. 亭

“亭”被人们熟知的功能是作为古代道路上用作休息的馆舍，但其实“亭”也是路标的一种。在最早的时候，“亭”是沿着主要道路设置的，其中会备有干粮柴火，也有专人看管，主要是供往来使者和官员们休息使用的。到了后来，“亭”有了长亭和短亭的区别，所谓“十里一长亭，五里一短亭”。宋代柳永的《雨霖铃》中写道“寒蝉凄切，对长亭晚，骤雨初歇”，在这时“亭”已经不再拥有吃喝住宿的功能，而只是供行人歇脚的场所罢了。

第二节　出行途经之桥梁

(一)桥梁的定义

何为桥梁？桥梁，一般定义为架设在江河湖海等水面上，使行人及车辆等能顺利通行的构筑物；专业定义是指提供跨越障碍的通路而又不封闭其下方通道的结构物。

桥梁是道路的连接与延伸，是水、路、空的节点或枢纽，是陆路交通中至关重要的一部分。

(二)桥梁的功能

桥梁的功能在于行人载物、便利安全、缩地节时。《鹖冠子·备知》中记载道“山无径迹，泽无桥梁，不相往来”。桥梁架在水中或空中，能让行人车马跨越天然或人工的障碍顺利通行，满足了交通的需要。

桥梁不仅编织出了四通八达、连接中华大地的交通网络，同时也凭借着自身的文化底蕴传承千百年来的历史和文明，传递交通价值，为交通出行的持续发展不断保驾护航。

(三)桥梁的文化

纵观古今，桥梁的持续发展一直与民族文化紧密相连，每一座广为流传、带动交通蓬勃发展的桥梁都有着深厚的文化底蕴，桥梁与文化的交汇融合也恰恰展现了人类文明与文化的发展历程。

那么何为桥梁文化？桥梁文化蕴含着建筑意义上的科技成果、艺术特色，也涵盖着历史典故、人文情趣、轶闻传说、民俗风情、景观胜迹、诗歌对联、戏曲歌谣、影画书法，以及建筑者的业绩等。

记载桥梁的“志书”常常“关、桥”并称，因为桥梁是交通要道的咽喉，可以形成一个“关”。当一座桥梁与历史相融合，与文化相辉映，那么桥梁就不再只是一座静止不动的建筑物了。当桥梁与文化紧密结合时，每一个走在桥上的行人，每一辆奔波在桥上的车马，都仿佛穿行在历史的长廊里，每一座桥都在诉说一个故事，每一座桥都在体现一个城市，每一座桥都在传承一段历史，每一座桥都像一首绵绵不绝的史诗，久久回荡在历史长河中。

一座又一座的桥梁，带领我们从过去走向未来，从蛮荒走向文明。

1. 以强健承文化之重

一座富有文化底蕴的桥梁需要在历史的长河中不断沐浴，在千百年风雨中也屹立不倒，如此所需的正是"强健的体魄"。从古至今，传递着人类的历史和文明的古代桥梁除去其实用性和观赏性以外，最为重要的就是牢固的桥体本身。如我国古代的四大名桥之一赵州桥，已然有上千年的历史。

石拱桥是石桥的主要形式之一。据史料记载，石拱桥在中国的东汉时期就已经出现，如出土的东汉画像砖上就刻有拱桥图形。河北赵县赵州桥(又名安济桥)就是一座石拱桥，该桥建于公元605—617年，距今已经有1400多年的历史，桥孔净跨度37.02米，第一次在主拱圈上加小腹拱的空腹式拱。赵州桥建成后，已经历过八次战乱、十次洪灾和多次地震。在1963年的那场洪灾中，大水淹到桥拱的龙嘴处，站在桥上都能切身感受到桥身的晃动，赵州桥却依旧屹立不动。1966年邢台发生7.6级地震，赵州桥距离邢台仅约40公里，却没有遭到破坏。

赵州桥

2. 以融合显地域之美

一座富有文化底蕴的桥梁总是和其所处的地域息息相关，桥梁文化与地域文化水乳交融。木桥、石桥、拱桥、曲桥、平桥、亭子桥、廊桥、梁式桥、悬索桥、斜拉桥……各式各样独特的桥梁都承载着各自独特的文化底蕴，彰显着各具风情的地域文化。

(1)黄河与长江文化

黄河文化和长江文化是我国的远古文化。中国早期人口主要分布在黄河流域，这就形成了广为熟知的黄河文明，随着人口往南迁徙和扩散，长江流域的文明也逐渐形成。随着人口的南迁，桥梁分布也逐渐往南方移动，最终发展成为各具特色的桥梁。

古代时期黄河流域的地形特征是地势较平坦、河流呈稀疏状、车马载重量大。因此在考虑这些特征的前提下，黄河流域的桥梁多为大跨度、敞肩式结构，且桥拱的构造也随着时间的推移不断进化，逐步实现实腹式到空腹式，再到拱上加拱的过渡，这样更有利于增强桥梁本身泄洪能力以及减轻桥身自重。与此同时，拱高与拱跨比小于1/4，能够满足车马上桥的条件。

与黄河流域不同，长江流域地形以低山丘陵为主，流域内密布河网、船多车少、桥梁载重量较小，因而桥梁桥身与黄河流域相比相对轻薄，桥拱多呈半圆状，甚至是圆形，矢跨比非常大，这样的设计让大船在汛期也能顺利通过。

(2)湖湘与江浙文化

当谈起地域文化时，江浙一带与湖湘一带就不得不提，这两地文化地域特征独特鲜明，两者都是中国的鱼米之乡；就地理位置而言，江浙一带以太湖闻名，湖湘地区临靠洞庭湖，两地均为烟波浩渺之地。

江浙一带的地域文化可以用“婉约”二字诠释，可谓浪漫多情，自古有江南才子吟诗作对，师爷文人足智多谋之说。湖湘文化不仅有千年的历史，而且缘于炎黄文化和前炎帝神农文化。《周易・系辞》中用“自强不息”、“厚德载物”来形容炎黄文化，即兼有苍天和大地的品格，这种品格体现在湖湘文化上就是优良的品质：敢为人先，乐于奉献。因此湖南自古多军人与历史名臣，如中华民国时期的杰出将领和革命元勋黄兴与蔡锷，办洋务的曾国藩和左宗棠，建立中华人民共和国的毛泽东和刘少奇……都有心忧天下、敢为人先、勇于开拓的精神品格。

当这两种截然不同的地域文化体现在桥梁文化上时，我们也能够看出其各自鲜明的特征。江浙的桥变化万千，桥体自由曲折，桥梁无论在乡村或城市都采用跳跃鲜明的色彩，与临水而建的房屋和在水巷中穿梭的船只相辅相成，让人感受到一股脉脉温情。以江浙文化的聚集地之一苏州而言，苏州素来以“小桥流水”著称，曾任苏州太守的唐代诗人白居易曾写道“绿浪东西南北水，红栏三百九十桥”。在这众多的小桥中，有一座位于苏州阊门外七里之遥的运河枫桥湾的“枫桥”，该桥处于古代水陆交通要道之上，皇家粮草北运时都会经过此处。唐代诗人张继脍炙人口的《枫桥夜泊》也让人不由联想起一幅画面：“月落乌啼霜满天，江枫渔火对愁眠，姑苏城外寒山寺，夜半钟声到客船。”明代诗人高启更用诗词总结：“画桥二百映江城，诗里枫桥最有名”。枫桥与诗词相得益彰，交相辉映，从而闻名遐迩。明代嘉靖年间，枫桥一带更是商业繁荣之地。如今，提起枫桥，已不仅仅是一座桥那么简单，而是江南文化的象征。

苏州枫桥

而湖湘文化中的敢为人先和勇于开拓体现在桥梁上，则表现为以求实创新为先。

第三节　住宿之客栈

在我们出行过程中，往往伴随着住宿的概念，“客栈”也由此产生，《易·复》云：“先王以至日闭关，商旅不行。”作为旅客住宿的地方，客栈最迟在周代就出现了。因为古时人们远行主要是靠步行或是乘马车，因此，客栈设址主要出现于道路或驿站旁。一开始客栈的功能仅限于提供基本的食宿，让旅客有歇脚之处，但随着商业贸易蓬勃发展，同样带动了客栈的发展，能适应更多客人的要求，逐步扩大规模，改善住宿环境，提高服务质量。客栈大多为原木建筑，这是客栈在人们心目中的一个鲜明形象。

一、客栈称谓之变(旅馆)

由于各个历史时期的时代背景，文化背景，生活方式等具有差异性，加上人们对于客栈的需求和要求也不尽相同，在历史发展长河中，“旅馆”出现了众多有各个历史时期特征的名称。

在中国历史中，“逆旅”是最早的旅馆名称，兴起于尧，盛行于春秋，消失于南北朝。这一名称最早出自《史记》：“尧之有天下也，堂高三尺，采椽不断，茅茨不剪。虽逆旅之宿，不勤于此矣。”逆旅，客舍也。逆是迎接之意。商朝时期为了适应更多来往商人的食宿需求，“客舍”“客馆”逐渐兴起。到了秦汉之际，更是设立了专供来往官员和传送重要公文信使居住之处的“驿传”。南北朝出现了民间私人开办的新型旅馆——“邸店”，其实也是一种备宿供膳场所，到了宋代逐渐消失。“客店”“旅店”这样的称谓始见于唐代。像《水浒传》里就有很多描写宋朝民间客店的情节，四十六回里就有对“祝家店”的描写，再比如还有“菜园子张青”、“母夜叉孙二娘”这样开店纳客的角色。唐宋以后，旅馆发展得更为成熟完善，有专门接待学子的“状元店”，也有专门接待商人老板的“广源店”，还有面向四处游山玩水的驴友和游客的“悦来店”等。“会馆”是明朝民间旅馆的一种形式，具有集体(社团)性质。它是明清时期异乡人在客地建立的一种社会组织。清朝正式接待贵宾的“馆”称“会同馆”，也出现专为外国商人开设的“商馆”。我们能看到古代旅馆名称基本上是由“馆”“驿”“舍”“店”称之。

二、客栈的构成

(一)人员构成

主人家，男的称为“掌柜”，女性一般称之为“老板娘”，他们就是客栈的经营者。在客栈发展初期，客流量和规模都不大时店主和雇主往往合二为一，他们没有统一的服务技术，也没有统一的服装，甚至只会满嘴方言。随着规模的扩大，他们会雇佣人员帮忙打理客栈。

店小二，相当于我们现代的服务员，又称“伙计”、“小二”，他们非常具有行业代表性，属于被雇佣劳动力，在古代店小二的身份往往是最底层的，一般以男性为主，在客栈发展中小二又分为专门用量酒工具量酒的酒保，服务客人的跑堂等。

厨子，又称“伙夫”，他们以烹饪为主要工作内容，比如《武林外传》同福客栈中的“厨子”李大嘴的形象。

账房先生，职务接近于现代的会计，主要负责收银，管理和记录客栈的收入支出。

(二)建筑构成

古代客栈大概可以分为前庭(客堂)、后堂(做饭和休息的地方统称)、客房、账房、杂物间等这样几个部分，类似于《武林外传》中的同福客栈的构成。总体大概是两层或三层木质阁楼状。一楼主要是客堂，提供膳食的场所，规模稍大的客栈会有一个小型舞台，为住店旅客提供休闲娱乐。二楼三楼主要是厢房，当然也有档次之分和类型之别。一般来说，等级从高到低可以分为天号、地号、人号、通铺等，也有单人间、套房、豪华间。

三、客栈的特点

（一）建筑——有情怀的设计

古代大多的客栈是木质结构，而且很多是基于当地的民俗风俗而建，一般会结合当地环境资源、自然景观、人文特点。比如说“龙门客栈”就是建在出塞要道上，荒凉大漠中，所以它整体的建筑风格是简单朴实，带有很浓重的沙漠气息。

（二）入住——严格的身份检查

像我们现代需要身份证办理入住手续一样，古人住店也需要“身份证”，甚至更为严格，没有能证明身份的介绍信，可能只能睡马路边。古人发明了证明身份的各种腰牌，如“鱼符”、“牙牌”。像官员、商人出行时会持“符”、“节”这样用以入住客栈的身份证明，如果没有这些旅行凭证，基本是无法入住，尤其是一些官办客栈，要求会更严苛。

在登记入住时，客人会进行详细的身份登记，这个称为“店薄”或“店历”，店家都会妥善保管以定期交送官府检查，身份登记内容非常详细，包括姓名，籍贯，住店离店时间，职业，去往何处，所干何事等。

（三）酒旗——最早的广告形式

我们在很多古装影视剧中能看到很多客栈门口都会悬挂一面旗，或写客栈名称，或直接写上“酒”字。作为一种最古老的广告形式，就相当于现在的灯箱、招牌之类的，酒旗迎风飘展以便招徕来往过客。此外酒旗还有一个传递信息的作用，店家晨起而挂，表明有酒可卖；傍晚落旗，则表明无酒可售。

（四）有关客栈的趣闻轶事

古代，在客栈的屋檐下都会悬挂长方形白纸灯笼，上面都会写上宣传语，一般为对联的形式，最为常见的是“未晚先投宿，鸡鸣早看天”。当夜晚想投宿的旅人远远看见这样明亮灯光，疲惫感也就一消而散了。还有类似于“日暮君何往？天明我不留”这样有感性色彩，别出心裁的对句。店小二也会用悠扬的声调来告知客人注意事项，深夜时分这些小二会站在前堂大声吆喝道：“楼上楼下客/听我办交接/门窗请关严/灯火要熄灭/嫖赌不许搞/小心盗贼窃/住宿小店若满意/欢迎二回又来歇。”如此富有人性化的语言，新颖的形式，怎能不使旅客美美地住上一宿？

四、客栈文化

(一) 客栈名称文化

醒目的客栈名称是吸引旅客的关键点，也是提高竞争力的一种策略。有些客栈名称或意义非凡，耐人寻味或是内容丰富让人充满想象。有蕴含美好愿望与祝福的名称，例如“同福客栈”、“来福客栈”；有具有江湖气息的名称，例如“仙剑客栈”、“龙门客栈”；还有以地名命名或简洁风格的名称，例如“河洛客栈”、“有间客栈”等。五花八门的客栈名称将一个地方的文化、环境、历史等特色都表达得淋漓尽致。

(二) 客栈装饰文化

因为客栈的厢房也有等级之分，所以在房间的装饰上店家也是别出心裁，各有新意。不仅在公共区域会有展示当地地域风格的饰品，在各个房间也会有“主题”的概念，根据客人的不同需求进行装饰，比如有专为高官大臣布置的，也有为结伴夫妇准备的，到后来随着客人需求的扩大，也出现专门为外国使者设计的，可谓“宾至如归”。

(三) 客栈经营文化

受到中国传统文化的影响，古代人的经营思想很大程度上集中在对“义”“利”观的体现上。“逆旅”在很大程度上就是从客人的角度考虑，从不强留客人，反而是建议客人不要留宿而应该赶路。民间客栈的经营更多倾向“利”，历代以来的旅馆中坑、骗的记载屡见不鲜，像《水浒传》中孙二娘开的人肉客栈坑害客人的故事也一定程度反映了民间客栈见“利”忘义的事实。

第四节 交通文化

陶渊明在《桃花源记》曾说道：“阡陌交通，鸡犬相闻。”从这个字面看“交通”有交错相通，互相通达之意。现在对“交通”的定义更多的是指人、物、信息之间的往来，运输和传递的总称。既包括各种铁路、公路、水路、航空、管道等，也包括邮政和通信两个方面。

一、各个朝代的交通

我国是一个地域辽阔、地大物博的国家，有着发展水陆交通的优越条件。原始时期就已经有了运输和信息传递的活动方式，运输比如手提、背扛、肩挑，信息传递则是通过大声呼叫、打手势与同伴交流。

随着社会生产力的提高，交通运输逐渐分化成独立的行业，古代交通运输和邮电的内容和方式也得到了不断发展和完善，在漫漫历史长河中，古代交通的发展大致可以划分为五个阶段。

先秦时期，交通已初具规模。根据古书记载，早在3000多年前的商朝就已经有了“步辇”、“车马”、“舟船”等交通工具，商代的车子都是独辕，面积较小，通常可乘坐二至三人。从考古遗址发现，商代的车大多是两马驾辕，到商末初见四马驾车。并且建立了驲传制度进行通信活动。商朝交通工具种类丰富有利于商朝人更好地进行商业活动以促进商业的发展。到了春秋战国时期，动荡不已，战争频繁，古人在车马的配件上做了进一步的改进，增加了商车上没有的零部件，在许多关键部分采用青铜结构以便更好地进行战斗。战车上多置鼓建旗，方便各车之间的通信联络。东周的水路交通十分发达，依托长江、黄河等天然河道，开凿出鸿沟、邗沟等人工运河。

秦汉时期，全国的水陆交通系统有了雏形。秦始皇在公元前221年统一全国后就颁布了“车同轨”的法令，这一举措不仅减少了商品运输的成本，也加快了商品和旅客的运输速度。并在全国范围内“治驰道”，使得车辆可以畅行各地。在兴建陆路交通线的同时，水路交通线也受到了一定的重视，开凿灵渠以通漕运。同时设立驿站，建立了传递军事情报和官府文书的邮传系统。汉朝在继承秦的驰道、直道的基础上，继续扩展延伸，发展成以京都为中心，辐射四周的交通网，也因各地的地势险恶程度不同，设有栈道和关隘。在水路上的一大创举就是建立了沟通东方和西方罗马帝国的海上航线，开辟了从中原通往西域的“丝绸之路”。汉代邮政制度的进步在于驿和邮的分流，分工变得更细致和专业。

隋唐时期，我国的水陆交通向前迈进了一大步。从隋文帝到隋炀帝期间20余年，先后开凿通济渠、永济渠，并最终凿成贯穿南北的大运河，这一运河的修建凝聚了中国古代劳动人民的汗水和智慧，是世界上最长，也是开凿最早、规模最大的运河。唐朝时期漕运发达，唐玄宗还曾举办“水上运输展览会”，陆上丝绸之路达到鼎盛，京都长安更是成为世界最大的都市之一，国内外交通的枢纽和中心。隋唐时期的驿站种类囊括水驿、陆驿和水陆兼有三种，承包的业务也更加广泛，30里一驿，驿站的组织和速度已经达到很高的水平。唐朝还专门设立了“明驼使”来专门负责公文书信。

到了宋元时期，交通发展进入到鼎盛时期。得益于指南针技术应用到航海上，宋朝的海路交通十分发达，形成了通往日本、印度、阿拉伯等地区的航线，海上丝绸之路繁荣。在通信方面，宋朝一大特色就是形成了比较完整的通信法规《金玉新书》，极大地保证了邮驿的正常运行。元朝更是增添了许多驿站，形成了一条联结欧亚大陆的驿路，在其广阔的领土内，建立起“站赤”制度，从京城延伸各地，四通八达，构成严密的交通网线。元朝统治者对海运给予了更大的重视，开辟了海运漕运干线，而且为了更高质量地保障航行的安全，还在各大港口设立航标。

古代交通逐渐衰落是在明清时期，这一时期在交通发展史上的重要事件是明朝著名航海家郑和七次远航，把我国航海事业推向顶峰，但之后闭关锁国政策的实行，“海禁令”的颁布使得航海业没落。清代在邮驿制度上的创举是把“邮”和“驿”进行了合并，两种组织融合在一起。清朝后期，随着帝国主义的入侵，封建社会逐步被瓦解，近代交通工具汽车、火车、轮船的兴起，使得我国古代以人力、马力为主的运输工具日渐衰落并淘汰。

二、中国古代著名交通路线

（一）丝绸之路

丝绸之路是一条横贯亚欧大陆连接亚洲、欧洲、非洲的陆上交通干线，是中国同古希腊、古罗马、印度等国家进行经济贸易和文化交流的重要路线。自西汉张骞出使西域后，正式开通了这条国际通道，上到王公贵族，下至平民乞丐，都在这条路上留下了自己的足迹。从西汉都城长安出发，经河西走廊，然后分成两条路线：一条从阳关沿昆仑山北麓一路向西，至安息，西通犁靬（今埃及亚历山大)，另一条沿着天山南麓西行，西逾葱岭，出大宛，至康居、奄蔡(黑海、咸海间)。丝绸之路的开通，不仅在两汉时期，而且在唐、宋、元、明时期发挥着重要的作用，成为古代联系中西文明的重要通道。

(二)京杭大运河

京杭大运河全长 1719 千米，是世界上公认的最长古代运河。南起余杭，北至涿郡，沟通海河、黄河、淮河、长江和钱塘江五大水系，构成统一的水上运输网。大运河肇始于春秋时期，形成于隋代，发展于唐宋，最终在元代完工。在两千多年的历史进程中，大运河为中国南北地区的经济、文化的沟通做出了不可磨灭的贡献，特别对于沿线地区的经济发展起到了推动作用。京杭大运河至今仍发挥着重要作用，它为我们留下了丰富的历史文化，是我国古代劳动人民用双手筑建的奇迹。

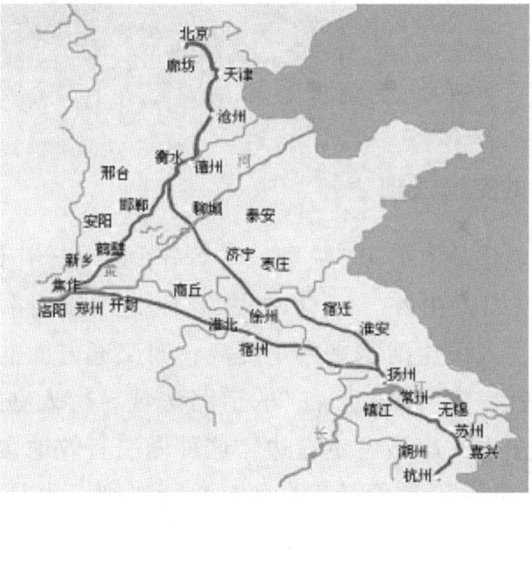

(三)郑和下西洋

从公元1405年(明朝永乐三年)到公元1433年(明朝宣德八年)，在近30年的时间里，郑和率领着庞大的船队，七次下西洋，途经亚洲、非洲30多个国家和地区，最远到达现今非洲东岸的索马里和肯尼亚一带。这一空前的远洋之旅史无前例，在中国和亚非人民之间，架起了一座座沟通的桥梁。前三次的远航活动范围主要是在南亚和东南亚，同当地人民建立了和平友好的关系，后四次的航行开辟了到非洲的航线，打通了中国到非洲的海上之路。郑和下西洋这一壮举表现出中国人民大无畏的英勇气概，谱写了中外人民友好交往的新篇章，是具有非凡意义的重大历史事件。

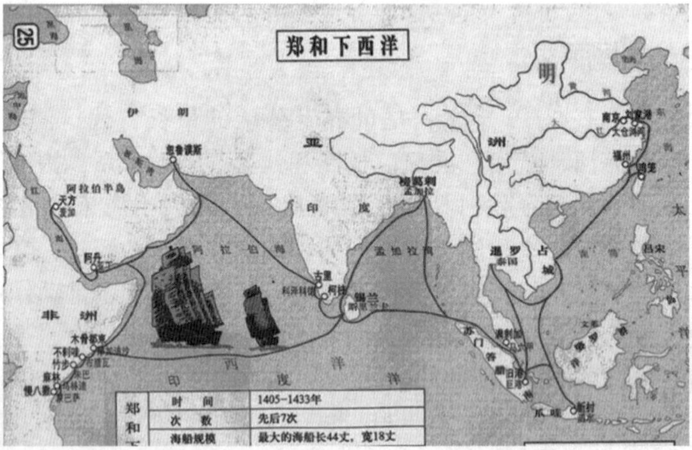

三、中国古代交通管理制度

(一)规范有序的交通法规

早在夏禹时期就设立“车正”一职，专管车马。在《礼记·王制》就记载：“道路，男子由右，妇人由左，车从中央。”即男女走的路不同。到了唐朝时期，国家相对统一，人民生活水平有了提高，对交通方面的需求增大，唐贞观年间，政治家马周就提出“来左去右”的道路法规，行人在进出城门时要分开两边走，进城者走左边，出城者走右边，这种做法有效地缓解了交通压力。此外唐律上还制定了“溯上者避沿流”的水上通行法则，也是目前我们所看到的最早的水上通行规则。古代的交通规则虽没有现在如此完善，但很多规则是古人的创举，沿袭至今。

(二)交通管理中的森严等级制度

中国乃伦理之邦，古代的交通规则也在很大程度上以伦理为基本准则。首先表现在“骑乘权”的差异上，对交通工具的使用上分高低贵贱，只有一部分人才享有骑马、乘车、坐轿子的权利，例如明朝朱元璋就规定京官三品以上才能乘轿子，其余官员只能骑马。其次在道路使用上也有很明显的区别，在大多数朝代中都明确规定要“贱避贵”，宋朝就颁布“贱避贵，少避长，轻避重，去避来”的交通法规，强调卑贱者应当避让尊贵者，这一条例鲜明地体现出古代交通管理的等级制度。在古代使用交通工具时，还会使用“仪仗”和“仪从”，这也是封建等级制度的一个突出标志。古代“仪仗”称为“卤簿”，蔡邕的《独断》中曾记载：“天子出，车驾次第，谓之卤簿。”尤其是帝王在重大活动时仪仗队伍非常庞大和显赫，一般说来，官品越高，仪从越盛，仪仗越堂皇，原则上平民百姓禁用仪仗、仪从。

四、交通的文化意蕴及影响

交通文化，亦可称作“运输文化”，它包含了一切与运输相关的事物、行为和精神活动。在中国五千年的文明历史中，交通观念、运输手段都发生了重大转变，交通观念文化蕴含其中。伴随着交通方式、技术的发展，交通技术文化应运而生。交通管理制度的完善催生了交通管理文化。

在人类文明进步史的进程中，交通表现出非常重要的作用。交通的发展水平能够体现人类对自然的征服和利用，能体现出一个社会的文明发展程度。秦始皇的“车同轨”使车辆可通行全国，汉朝开辟的“丝绸之路”打开了中西方交流之门，隋朝修建的大运河贯穿南北改善了北方的交通状况。

政治、经济、文化、对外关系对交通的影响体现在方方面面。在政治上，交通的发展极大地巩固了封建制度，加强了中央对地方的统治；在经济方面，工商业的崛起，对外贸易的兴起，城市的繁荣都得益于交通；唐朝中日互遣使臣，贸易往来频繁，国际贸易和国际交往加强了对外交流；没有“丝绸之路”的开辟，西域的胡萝卜、葡萄无法来到中原，发源于印度的佛教也传不到中国。

五、驿站

(一)驿站的起源

"驿"在古代主要指传递官文和军事情报的车、马。顾名思义，驿站是中国古代人们在传递情报和朝廷官文过程中休息、食宿和换马的场所。驿站在古代人们的出行中有着极为重要的作用。有史料记载，在原始时代，人们为了生产和生活的需要便形成了信息传递的雏形，例如司马迁在《史记·五帝本纪》中写道"合符釜山"，其含义是黄帝在釜山这个地方召集各部落首领，而部落首领就需要拿圭瑞作为其交通凭证的信物。

最早的邮驿制度在商周时期成立，这也是有明确文字记载的最早的制度。考古学家发现在殷商时期，甲骨文中出现了"传"等字，可见当时已经出现了驿站。

到了春秋战国时期，随着政治、经济的发展，齐桓公非常重视驿站的建立与完善，所以驿站快速发展。相传他在齐国交通主干道上每三十里设立一个驿站，供使臣换马、休息、食宿等。直至战国，驿站达到了空前的发展，出现了私家信息传递的形式。

秦汉时期中央高度集权，对驿站也做出了明确的规定，驿站是供传送公文急件的使者所专用的，同时，在驿站中还备有食宿，备有马车。当然这些马车也具有等级，其中四马的分为高足、中足和下足，分别对应置传、驰传和乘传，一马和二马叫做轺传。这体现了严格的封建等级制度，魏晋时期同样如此。

隋唐是中国古代最辉煌的时代之一，当然驿站的建设也有了空前的成就。驿站中的各种设施逐步完善，但仍然具有严格的等级制度，比如马车的供应、车夫的匹配等。当时驿站也为人民信息传递提供了方便，因此信息传递速度十分快捷。到了宋代，我国的驿站变化颇多，包括驿站设置的距离、驿站中的人员、驿站的方式都有所变化，驿站的建设也走向了健全完善的新高度。但到了宋后期，由于政治的腐败，导致驿站稍有衰败。

元代地域辽阔，军事强盛，所以驿站在元代遍布全国。元代的驿站包括达达站和汉站两种，其中达达站指的是蒙古站，建于少数民族地区；而汉站指的是建于中原地区的驿站，包括水站、马站、车站、船站等。明清时期，政治经济大一统，驿站在进一步发展的同时其自身弊端也逐渐暴露。当地人们无法承担驿站所需的人力财力，虽然政府多次进行改革，但仍然无法避免驿夫逃亡，驿站衰灭。

(二)驿站特点

驿站不仅是中国古代重要的交通枢纽，也是中国古代中央集权的体现。从商周的确立到清朝末年的衰灭，驿站在逐步完善与健全。

在驿站的管理上，从中央到地方有着一套完备的系统，都由专门的官员进行负责，例如东汉是由太尉属官主管驿站，隋唐时期各地方都有专门的人负责管理驿站。同时随着驿站在军事中地位的增强，为了更好地服务于军事，驿站逐渐进行军事化管理。

在驿站的职能上，从名称到职能，都由分散逐渐走向统一。驿站的种类也日益增多，推陈出新，到了隋唐时期，驿站规定统一用于通信和服务过往官员。到了宋朝，驿站体制更加完善，逐步增设驿站，将驿站的职能细分，分工更加明确，提高了信息输送的速度和效率。元代更是出现了水站、马站、车站、船站等驿站，到了清代驿站建设更多，并且统一负责运输、通信和招待过往使臣。从驿站总体发展中我们可以看出其发挥的作用逐渐变大，在古代交通运输上发挥着重要作用。同时，驿站的职能也逐步统一，主要负责运输通信和招待过往官员等。职能的统一、机构的简化，既方便驿站的管理也有利于节约开支。

在驿站的功能上，从军事到政治都发挥了重要的作用。军政两用是历代驿站所共有的特点，既为行政通信服务也为军事要事服务。同时，驿站不仅在平时发挥其职能，在战争时期更是有着不可替代的作用，如情报的传送、物资的运输等都需要驿站来负责。

虽然后期随着驿站自身弊端的逐渐暴露，最终被近现代交通运输所取代。但中国古代驿站对维护国家统一做出了重要贡献，促进了社会的发展，对现在的交通运输体系建设具有一定的借鉴意义。

（三）驿站文化

从驿站的发展中我们可以看出一个国家政治、经济和文化的发展，驿站发展到哪里，经济和文化都会随之发展，驿站的完善在一定层面上也标志着一个国家的繁荣富强。驿站严明的等级制度充分体现了古代社会封建等级制度，例如在秦汉时期过往的官员和使者等级不同，他们所享有的待遇也是不同的。

第五节　出行的方式

一、步行

步行顾名思义就是徒步行走，步行包括慢走、跑等方式。中国古代交通不便，道路崎岖，所以很多人都会选择步行的方式出行。如果有重物则会用肩担、背扛、手提或推车；如果物品较轻，男人一般会随手提着，女人一般会用胳膊挽着。

步行的优势在于可以说走就走，对于短距离的出行比较便捷；其弊端也不言而喻，如果距离较远，这种出行方式就不太方便，所以古人远距离的步行出行都需要花费几天或者几个月的时间。

二、车行

（一）牛车

牛车，又称服牛，是指用牛拉的车子，牛车不仅可以载人、运货，而且在农耕中也发挥着重要作用。牛车的形体比马车要大，其优点是平稳且缓慢，能载较重的物品。

从夏商到秦汉，牛车是经商活动的重要工具，牛车的用途和功能始终没有变化，但到了汉代，国家明文规定“贾人不得乘马车”，所以牛车就成了商人们运货和载人不可缺少的工具。到了魏晋南北朝时期，牛车日渐风靡，从主体形制来划分，可分为云母车、皂轮车、大楼辇、通幰车、偏幰车和油幢车等。

隋唐时期统治阶级一般乘坐通幰车和偏幰车这样的高等牛车，平民一般乘坐民用牛车。

(二)马车

马车，顾名思义就是马拉的车子，用来载人或者运送货物。关于中国马车的起源，一直是学者颇为关注却悬而未决的问题。有的学者持“马车中国本土独立起源说”，有的学者则持“外来说”，认为中国马车来源于欧亚或者中西亚草原。马车的优点在于速度快，主要用于狩猎和战争。事实上，从牛车发展到马车是车子发展的重大转变，以载重为主要目的转换到了以速度便捷为主要目的。

中国古代是以前右为尊，但是乘车的时候却“尚左”，即以左方为尊。因此，乘车的时候尊者在左，驭手居中，另外有一人陪乘。陪乘的人主要是随侍尊者，预防车辆倾侧。陪乘的人也叫“骖(cān)乘”。

兵车的情况有所不同，主帅居中指挥作战，而驭手在左，陪乘在右。陪乘的主要任务是保护主帅，处置车辆随时可能出现的危险，这个人叫“车右”。

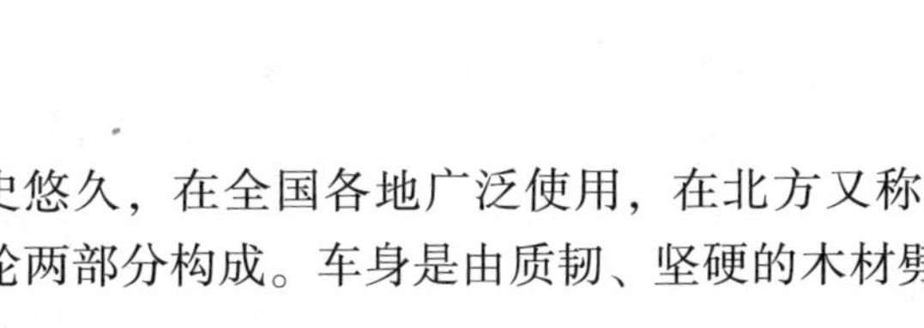

(三)鸡公车

鸡公车的历史悠久，在全国各地广泛使用，在北方又称为“独轮车”。鸡公车由车身、车轮两部分构成。车身是由质韧、坚硬的木材劈凿刨制而成。车杠比较粗壮、前窄后宽，前半部分安装车轮。高出车轮的部分穿凿有车架，两边使用硬木穿凿耸起，避免摩擦到所运货物以及车轮。

鸡公车的得名有两种看法，目前还尚无定论。一种认为鸡公车的形状像鸡公：车杠前窄后宽，耸起的车架远望酷似鸡公的冠，故称之为鸡公车；还有一种认为这种独轮车推起来发出一种“吱吱”声，就像鸡啼鸣，所以叫鸡公车。

鸡公车主要用来运输，付出体力极大，尤其是在上坡的时候，还需要另外一个人帮着推。运输时，驾驶鸡公车的人需要把两边套在车把手上的帆布带套在肩膀上，用双手平稳的推着鸡公车。鸡公车一般能载重两三百公斤，擅长驾驶的多则能载重七八百公斤。虽然驾驶鸡公车付出体力较大，但是能行驶在崎岖山路和羊肠小道上。

鸡公车的历史悠久，经过了四次变革。在汉代就出现了鸡公车。鸡公车是用硬木制作而成，长约 4 尺，车架放置在独轮两侧，一人掌扶两个车把，可以前推也可以后拉，可以载货也可以载人。车子虽然小巧，载重可达两三百公斤。第二次变革发生在宋代，由一人掌扶变成前后两人把架，两旁两人扶拐，前面有驴拉，称之为“串车”。第三次变革发生在明代，在“串车”的基础上用拱形席作顶，可以用来拉客，称为“双缱独轮车”。第四次变革发生在清朝，添加了风帆，巧妙地利用了风力，节省了人力。

(四) 人力车

人力车也叫黄包车，大约在 1870 年创造，是一种利用人力拖拉的双轮客运工具。1873 年，法国人看到黄包车拉人便利，想从日本进口，就向法租界公董局(公董局相当于公共租界的工部局，是旧上海法租界最高的市政组织和领导机构)呈报一份计划，要求“在两租界设立手拉小车客运服务机构”，并申请了十年的专利经营。后来法租界公董局与公共租界工部局协商，同意了两局联合发放人力车执照，并批准相关的路程价格。1874 年，黄包车从日本进入中国上海。由于黄包车从日本进口，上海人又称“人力车”为“东洋车”。

黄包车与轿子和马车比较而言，具有较高的性价比，而且轻便迅速；另外，黄包车制造相对简单，成本也较低。因此，中产阶级的首选就是黄包车。初始，人力车可以双人同坐，男女不限。1879 年，清政府认为男女同坐有伤风化，而且车夫拉双人比较吃力，因此开始禁止双人同座。

三、轿行

（一）轿子的起源

轿子是中国古代传统交通工具，最早是从马车演变而来的，主要是靠人肩膀抬。其结构为：轿子是安装在两根杠上可移动的座椅、睡椅或者床，有篷或者无篷。

轿子在宋代称之为肩舆。舆，是指车中装载东西的部分，即车厢，后泛指车。肩舆，顾名思义，是指扛在人肩膀上的车厢。这个名称准确无误地反映了轿子独有的特征，更好地区分了与其他中国古代交通工具的区别。

中国学者一般认为，肩舆是从中国古代车子的基础上演变发展而来。关于肩舆的起源，有部分学者认为起源于汉、晋。因为《晋书》记载了大书法家王献之乘竹肩舆进入他人竹园的故事；还有另外一位大书法家顾恺之创作的《女箴图》，内容是汉成帝乘坐的八台肩舆。因此，学者认为肩舆起源于汉、晋。

但是在 1978 年，考古学家在河南固始县候古堆的春秋战国时期的古墓陪葬坑中，发现了三乘木质肩舆，其制式为伞顶式和屋顶式。其中一件肩舆经过复原后，可以看出它由顶盖轿杆、抬杠、边框、立柱、栏杆以及底座几部分构成。顶盖是四面起坡的屋顶形式，底座呈现长方形，轿身有帷幔；轿子前面开有小门，供乘者出入；轿杆捆绑在底部的边框上。这也是目前中国发现的最早的轿子实物。从轿子的这些结构上来看，春秋战国时期制轿技术已经非常成熟。在它之前，应该还有一段发展完善的过程。

轿子起源于夏朝，但是在先秦和汉晋时代还是比较少见。直到东晋时乘坐轿子的人才慢慢多起来。到了隋代，轿子成为比较常用的出行工具，开始制定了轿子的等级制度。唐朝时期，轿子得到了极大的发展。而在宋朝，乘坐轿子的人比唐朝还多。在北宋年间，轿子已经流行于社会各个阶层，于是有大臣上奏宋太宗，认为工商庶人都乘轿，成何体统？于是宋太宗颁布“非品官不得乘坐暖轿”。所谓暖轿又称之为暗轿，是指轿顶上使用布盖、轿身四周装有布帷的封闭性轿子。即使这样，民间使用轿子仍然风靡。到了明朝初期，官方开始对乘轿有所制约。朱元璋曾规定文武大臣必须骑马，不许乘轿。因为朱元璋想避免官员出现懒惰、贪图享受现象。直到景泰年间才放宽官员乘轿的限制。再到后来的明朝中后期，轿子开始成为官员的代步工具。清朝入关后，清政府加强了轿制的等级与规定。

（二）轿子的类型

轿子按照不同划分方法，可以分为不同的类型。

1. 按使用者的等级划分

按照使用者的等级可以划分为官轿和民轿。王公贵族、达官贵人所用的轿子称之为官轿；民间普通老百姓使用的轿子称之为民轿。

由于坐轿者的身份等级不同，所乘坐的轿子也不相同。皇帝以及皇室王公所乘坐的是舆轿。不同品级的官员乘坐的轿子也不相同，有一定的规定。一般来说，官越大，抬轿的人也越多。

民轿中还有一种特殊的轿子，那就是喜轿，又称为花轿，专门用于老百姓婚事。因为结婚讲究明媒正娶，夫家用花轿迎娶是主要的标志和娶亲内容之一。

2. 按照轿子的形制划分

按照轿子的形制来划分，可以分为两种：一种是上帷子的暖轿，又称为暗轿；一种是不上帷子的凉轿，也叫显轿或者亮轿。暖轿常用于冬季，轿身比较大，用厚厚的呢子做帷幔，前挂门帘，轿内放置火盆；凉轿常用于夏季，轿身则比较小，常用纱做帷幔，通风凉爽。

(三)轿子的装饰

1. 轿顶

官轿可以起拱轿顶，民轿不准起拱，只能使用平顶。官员的轿顶也有一定的规定与等级制度。皇帝乘坐的轿子为金黄轿顶；汉官三品以及三品以上，京堂舆顶是用银；四品以下就只能用锡顶；一般的地主豪绅则用黑油齐头。

2. 轿帷

皇帝坐的轿子是用明黄色的轿帷；亲王坐的轿子是用红色的轿帷；三品以上官员用皂色轿帷。在明清时期，一般的朝廷官员用蓝呢或者绿呢作为轿帷，所以有“蓝呢官轿”、“绿呢官轿”的说法。而普通老百姓乘坐的轿子一般不加轿帷。

(四)轿子文化

由于坐轿子人身份的不同，轿子的形制也不一样，而且抬轿的人数也不一样。一般来说，官员的品级越大，抬轿的人数越多。抬轿的人数一般为二到八人。

民间多为二人抬便轿。轿子一般呈现方形，前后各一人抬，是古代最方便的代步工具。而官员所乘坐的轿子有四人抬和八人抬两种类别。四人抬的称之为“四人小轿”，八人抬的称之为“八台大轿”。一品文官到七品县官乘坐“四人小轿”；亲王郡王可以乘坐“八台大轿”；而皇帝太后则乘的是二十四人抬大轿。

四、船

(一)船的发展

船，也可称为舟，起源较早，据考古发现船最早出现在夏王朝之前至黄帝时期前后，因为有记载皇帝的大臣“共鼓、货狄作舟”。船的出现与人们傍水而居息息相关，在正式的船诞生之前，人们所使用的是木排或竹排，亦称筏。南方地区相比于北方地区水资源更丰富，所以对船的需求和使用也会更大。东周是船发展史上第一个蓬勃期，无论是船的使用范围，还是船的种类和数量都日益增加。民间运输货物、载客都会使用船，在战争时期，船还用于战争、运输武器和物资。秦汉到魏晋南北朝时期，人们对船的需求有增无减。直至宋元时期，造船技术突飞猛进，其设备和装置都较之前有所提升，这得益于造船技术的发展和朝廷的重视。从明朝到清朝，船的利用由盛转衰。

(二)船的分类

船按照不同的划分方法，可以分为不同的类型。

1. 根据船的用途划分

根据船的用途不同可以把船分为出货船和战船，出货船即客运船，是民用的船只，用来运输人员和货物；战船即战争时所使用的船只，可分为余黄、大翼、中翼、小翼、突冒、楼船、戈船和桥船等。其中余黄又称王舟，船头装饰着鹢首，通常只能国君或首领乘坐；大翼、中翼和小翼用途相近，都是用来运输兵员和粮食，但体型和容载能力依次下降；突冒是小型战船的一种，由于其船体小而轻便快捷，通常用来开路冲锋；楼船是有上下两层舱的战船，其战斗杀伤力极强；戈船是指安装了戈、矛等武器的战船，一般多用来冲锋杀敌；桥船小而快捷，常用来偷袭敌方。

2. 根据船的结构和大小划分

根据船的结构和大小不同可以把船分为扁舟、蒙冲、走舸、游艇、千里船、楼船和战舰等。其中扁舟、蒙冲、走舸、游艇、千里船都是较小的船，扁舟、游艇和千里船主要用于人们的生产生活，走舸既可用于日常生产生活也可用于战争，蒙冲则主要用于战争，专门用来冲击敌人船阵；楼船和战舰是较大的船只，可乘坐较多人，多用于水战中。

3. 根据船的航行地方划分

根据船的航行地方不同可以把船分为内河船、货船、海运船、货船和战舰。内河船和货船主要在内河、湖泊中行驶；海运的客船、货船主要在海洋中行驶；战舰主要在军事中使用，既有内河战舰也有海战舰。

(三)码头习俗

船是水上主要的交通工具，在长期的历史发展过程中船民们把船上各种活动演变成了集娱乐、文艺和宗教于一体的场所。当然与船息息相关的码头也逐渐形成了各具地域特色的习俗。码头习俗多为祭天祈福，祈求平安出海。例如，九澧船民们每逢古历六月初六，都会聚集在一起举行隆重的祭祀活动，曰“杨泗会”。除了烧香焚烛、上供肴馔、设宴聚餐，还会接班唱戏和划龙舟，以求得神灵庇护。

后　　记

中国民俗传统到底是什么？相信看完本书，你已经有了自己的思考和认知，民俗传统文化中蕴含着的厚重内涵温润滋养着人类的历史，对每个人的一生产生着一种长期的滋养。

因此，我们希望用最简洁的文字将中国民俗传统最精华的部分传递给读者，为读者提供最想知道、最应该知道的国学知识，书中内容全面且通俗易懂，丰富简明，让你翻开这本书，就如走进中国民俗传统大观园中，感受着迎面而来的中国民俗独特的魅力。

有幸的是，本书的出版得到了浙江师范大学陈文华教授、杭州电子科技大学程振伟老师、金华市作协李英昌、东阳市李宅初中斯丹婷老师、金华市孝顺小学郑兰贞老师等潜心研究的学者大力支持和认可，武汉大学出版社编辑细致耐心，一直以推介优秀作品为己任，极力促成本书的出版，正是由于集体协作，本书才得以面世，虽经过多轮研讨，但不尽如意之处仍难避免，我们恳切地希望读者不吝指教。

编者

2020 年 5 月 31 日